老科学家学术成长资料采集工程丛书

中国科学院院士传记丛书

泽润大地

许厚泽传

覃兆刿　李　恒　王晓炜　付婉军◎著

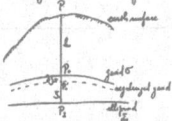

中国科学技术出版社

·北京·

图书在版编目（CIP）数据

泽润大地：许厚泽传 / 覃兆刿等著 . —北京：中国科学
技术出版社，2023.2（2024.7 重印）

（老科学家学术成长资料采集工程丛书 . 中国科学院
院士传记丛书）

ISBN 978-7-5236-0035-1

I. ①泽… Ⅱ. ①覃… Ⅲ. ①许厚泽 – 传记 Ⅳ.
① K826.14

中国国家版本馆 CIP 数据核字（2023）第 036079 号

责任编辑	余　君	
责任校对	邓雪梅	
责任印制	李晓霖	
版式设计	中文天地	

出　　版	中国科学技术出版社
发　　行	中国科学技术出版社有限公司
地　　址	北京市海淀区中关村南大街 16 号
邮　　编	100081
发行电话	010-62173865
传　　真	010-62173081
网　　址	http://www.cspbooks.com.cn

开　　本	787mm×1092mm　1/16
字　　数	232 千字
印　　张	15
彩　　插	2
版　　次	2023 年 2 月第 1 版
印　　次	2024 年 7 月第 2 次印刷
印　　刷	德富泰（唐山）印务有限公司
书　　号	ISBN 978-7-5236-0035-1 / K·354
定　　价	98.00 元

老科学家学术成长资料采集工程
领导小组专家委员会

主　任：韩启德

委　员：（以姓氏拼音为序）

陈佳洱　方　新　傅志寰　李静海　刘　旭

齐　让　王礼恒　徐延豪　赵沁平

老科学家学术成长资料采集工程
丛书组织机构

特邀顾问（以姓氏拼音为序）

樊洪业　方　新　谢克昌

编 委 会

主　编：老科学家学术成长资料采集工程领导小组办公室

编　委：（以姓氏拼音为序）

定宜庄　董庆九　郭　哲　胡化凯　胡宗刚

刘晓堪　吕瑞花　潘晓山　秦德继　申金升

王扬宗　吴善超　熊卫民　姚　力　张大庆

张　剑　张　藜　周德进

编委会办公室

主　任：孟令耘　杨志宏

副主任：宋维嘉　韩　颖

成　员：（以姓氏拼音为序）

高文静　李　梅　刘如溪　罗兴波　马　丽

王传超　余　君　张佳静

老科学家学术成长资料采集工程简介

老科学家学术成长资料采集工程（以下简称"采集工程"）是根据国务院领导同志的指示精神，由国家科教领导小组于 2010 年正式启动，中国科协牵头，联合中组部、教育部、科技部、工信部、财政部、文化部、国资委、解放军总政治部、中国科学院、中国工程院、国家自然科学基金委员会等 11 部委共同实施的一项抢救性工程，旨在通过实物采集、口述访谈、录音录像等方法，把反映老科学家学术成长历程的关键事件、重要节点、师承关系等各方面的资料保存下来，为深入研究科技人才成长规律，宣传优秀科技人物提供第一手资料和原始素材。

采集工程是一项开创性工作。为确保采集工作规范科学，启动之初即成立了由中国科协主要领导任组长、12 个部委分管领导任成员的领导小组，负责采集工程的宏观指导和重要政策措施制定，同时成立领导小组专家委员会负责采集原则确定、采集名单审定和学术咨询，委托科学史学者承担学术指导与组织工作，建立专门的馆藏基地确保采集资料的永久性收藏和提供使用，并研究制定了《采集工作流程》《采集工作规范》等一系列基础文件，作为采集人员的工作指南。截至 2021 年 8 月，采集工程已启动 592 位科学家的学术成长资料采集项目，获得实物原件资料 132922 件、数字化资料 318092 件、视频资料 443783 分钟、音频资料 527093 分钟，具有重要的史料价值。

　　采集工程的成果目前主要有三种体现形式，一是建设"中国科学家博物馆网络版"，提供学术研究和弘扬科学精神、宣传科学家之用；二是编辑制作科学家专题资料片系列，以视频形式播出；三是研究撰写客观反映老科学家学术成长经历的研究报告，以学术传记的形式，与中国科学院、中国工程院联合出版。随着采集工程的不断拓展和深入，将有更多形式的采集成果问世，为社会公众了解老科学家的感人事迹，探索科技人才成长规律，研究中国科技事业的发展历程提供客观翔实的史料支撑。

总序一

中国科学技术协会主席　韩启德

老科学家是共和国建设的重要参与者，也是新中国科技发展历史的亲历者和见证者，他们的学术成长历程生动反映了近现代中国科技事业与科技教育的进展，本身就是新中国科技发展历史的重要组成部分。针对近年来老科学家相继辞世、学术成长资料大量散失的突出问题，中国科协于2009年向国务院提出抢救老科学家学术成长资料的建议，受到国务院领导同志的高度重视和充分肯定，并明确责成中国科协牵头，联合相关部门共同组织实施。根据国务院批复的《老科学家学术成长资料采集工程实施方案》，中国科协联合中组部、教育部、科技部、工业和信息化部、财政部、文化部、国资委、解放军总政治部、中国科学院、中国工程院、国家自然科学基金委员会等11部委共同组成领导小组，从2010年开始组织实施老科学家学术成长资料采集工程。

老科学家学术成长资料采集是一项系统工程，通过文献与口述资料的搜集和整理、录音录像、实物采集等形式，把反映老科学家求学历程、师承关系、科研活动、学术成就等学术成长中关键节点和重要事件的口述资料、实物资料和音像资料完整系统地保存下来，对于充实新中国科技发展的历史文献，理清我国科技界学术传承脉络，探索我国科技发展规律和科技人才成长规律，弘扬我国科技工作者求真务实、无私奉献的精神，在全社会营造爱科学、学科学、用科学的良好氛围，是一件很有意义的事情。采集工程把重点放在年龄在 80 岁以上、学术成长经历丰富的两院院士，以及虽然不是两院院士、但在我国科技事业发展中作出突出贡献的老科技工作者，充分体现了党和国家对老科学家的关心和爱护。

自 2010 年启动实施以来，采集工程以对历史负责、对国家负责、对科技事业负责的精神，开展了一系列工作，获得大量反映老科学家学术成长历程的文字资料、实物资料和音视频资料，其中有一些资料具有很高的史料价值和学术价值，弥足珍贵。

以传记丛书的形式把采集工程的成果展现给社会公众，是采集工程的目标之一，也是社会各界的共同期待。在我看来，这些传记丛书大都是在充分挖掘档案和书信等各种文献资料、与口述访谈相互印证校核、严密考证的基础之上形成的，内中还有许多很有价值的照片、手稿影印件等珍贵图片，基本做到了图文并茂，语言生动，既体现了历史的鲜活，又立体化地刻画了人物，较好地实现了真实性、专业性、可读性的有机统一。通过这套传记丛书，学者能够获得更加丰富扎实的文献依据，公众能够更加系统深入地了解老一辈科学家的成就、贡献、经历和品格，青少年可以更真实地了解科学家、了解科技活动，进而充分激发对科学家职业的浓厚兴趣。

借此机会，向所有接受采集的老科学家及其亲属朋友，向参与采集工程的工作人员和单位，表示衷心感谢。真诚希望这套丛书能够得到学术界的认可和读者的喜爱，希望采集工程能够得到更广泛的关注和支持。我期待并相信，随着时间的流逝，采集工程的成果将以更加丰富多样的形式呈现给社会公众，采集工程的意义也将越来越彰显于天下。

是为序。

总序二

中国科学院院长　白春礼

　　由国家科教领导小组直接启动，中国科学技术协会和中国科学院等 12 个部门和单位共同组织实施的老科学家学术成长资料采集工程，是国务院交办的一项重要任务，也是中国科技界的一件大事。值此采集工程传记丛书出版之际，我向采集工程的顺利实施表示热烈祝贺，向参与采集工程的老科学家和工作人员表示衷心感谢！

　　按照国务院批准实施的《老科学家学术成长资料采集工程实施方案》，开展这一工作的主要目的就是要通过录音录像、实物采集等多种方式，把反映老科学家学术成长历史的重要资料保存下来，丰富新中国科技发展的历史资料，推动形成新中国的学术传统，激发科技工作者的创新热情和创造活力，在全社会营造爱科学、学科学、用科学的良好氛围。通过实施采集工程，系统搜集、整理反映这些老科学家学术成长历程的关键事件、重要节点、学术传承关系等的各类文献、实物和音视频资料，并结合不同时期的社会发展和国际相关学科领域的发展背景加以梳理和研究，不仅有利于深入了解新中国科学发展的进程特别是老科学家所在学科的发展脉络，而且有利于发现老科学家成长成才中的关键人物、关键事件、关键因素，探索和把握高层次人才培养规律和创新人才成长规律，更有利于理清我国科技界学术传承脉络，深入了解我国科学传统的形成过程，在全社会范围内宣传弘扬老科学家的科学思想、卓越贡献和高尚品质，推动社会主义科学文化和创新文化建设。从这个意义上说，采集工程不仅是一项文化工程，更是一项严肃认真的学术建设工作。

中国科学院是科技事业的国家队，也是凝聚和团结广大院士的大家庭。早在 1955 年，中国科学院选举产生了第一批学部委员，1993 年国务院决定中国科学院学部委员改称中国科学院院士。半个多世纪以来，从学部委员到院士，经历了一个艰难的制度化进程，在我国科学事业发展史上书写了浓墨重彩的一笔。在目前已接受采集的老科学家中，有很大一部分即是上个世纪 80、90 年代当选的中国科学院学部委员、院士，其中既有学科领域的奠基人和开拓者，也有作出过重大科学成就的著名科学家，更有毕生在专门学科领域默默耕耘的一流学者。作为声誉卓著的学术带头人，他们以发展科技、服务国家、造福人民为己任，求真务实、开拓创新，为我国经济建设、社会发展、科技进步和国家安全作出了重要贡献；作为杰出的科学教育家，他们着力培养、大力提携青年人才，在弘扬科学精神、倡树科学理念方面书写了可歌可泣的光辉篇章。他们的学术成就和成长经历既是新中国科技发展的一个缩影，也是国家和社会的宝贵财富。通过采集工程为老科学家树碑立传，不仅对老科学家们的成就和贡献是一份肯定和安慰，也使我们多年的夙愿得偿！

鲁迅说过，"跨过那站着的前人"。过去的辉煌历史是老一辈科学家铸就的，新的历史篇章需要我们来谱写。衷心希望广大科技工作者能够通过"采集工程"的这套老科学家传记丛书和院士丛书等类似著作，深入具体地了解和学习老一辈科学家学术成长历程中的感人事迹和优秀品质；继承和弘扬老一辈科学家求真务实、勇于创新的科学精神，不畏艰险、勇攀高峰的探索精神，团结协作、淡泊名利的团队精神，报效祖国、服务社会的奉献精神，在推动科技发展和创新型国家建设的广阔道路上取得更辉煌的成绩。

总序三

中国工程院院长　周　济

由中国科协联合相关部门共同组织实施的老科学家学术成长资料采集工程，是一项经国务院批准开展的弘扬老一辈科技专家崇高精神、加强科学道德建设的重要工作，也是我国科技界的共同责任。中国工程院作为采集工程领导小组的成员单位，能够直接参与此项工作，深感责任重大、意义非凡。

在新的历史时期，科学技术作为第一生产力，已经日益成为经济社会发展的主要驱动力。科技工作者作为先进生产力的开拓者和先进文化的传播者，在推动科学技术进步和科技事业发展方面发挥着关键的决定的作用。

新中国成立以来，特别是改革开放 30 多年来，我们国家的工程科技取得了伟大的历史性成就，为祖国的现代化事业作出了巨大的历史性贡献。两弹一星、三峡工程、高速铁路、载人航天、杂交水稻、载人深潜、超级计算机……一项项重大工程为社会主义事业的蓬勃发展和祖国富强书写了浓墨重彩的篇章。

这些伟大的重大工程成就，凝聚和倾注了以钱学森、朱光亚、周光召、侯祥麟、袁隆平等为代表的一代又一代科技专家们的心血和智慧。他们克服重重困难，攻克无数技术难关，潜心开展科技研究，致力推动创新发展，为实现我国工程科技水平大幅提升和国家综合实力显著增强作出了杰出贡献。他们热爱祖国，忠于人民，自觉把个人事业融入到国家建设大局之中，为实现国家富强而不断奋斗；他们求真务实，勇于创新，用科技为中华民族的伟大复兴铸就了辉煌；他们治学严谨，鞠躬尽瘁，具有崇高的科学精神和科学道德，是我们后代学习的楷模。科学家们的一生是一本珍贵的教科书，他们坚定的理想信念和淡泊名利的崇高品格是中华民族自强不息精神的宝贵财富，永远值得后人铭记和敬仰。

通过实施采集工程，把反映老科学家学术成长经历的重要文字资料、实物资料和音像资料保存下来，把他们卓越的技术成就和可贵的精神品质记录下来，并编辑出版他们的学术传记，对于进一步宣传他们为我国科技发展和民族进步作出的不朽功勋，引导青年科技工作者学习继承他们的可贵精神和优秀品质，不断攀登世界科技高峰，推动在全社会弘扬科学精神，营造爱科学、讲科学、学科学、用科学的良好氛围，无疑有着十分重要的意义。

中国工程院是我国工程科技界的最高荣誉性、咨询性学术机构，集中了一大批成就卓著、德高望重的老科技专家。以各种形式把他们的学术成长经历留存下来，为后人提供启迪，为社会提供借鉴，为共和国的科技发展留下一份珍贵资料。这是我们的愿望和责任，也是科技界和全社会的共同期待。

周济

许厚泽

（1934—2021）

采集小组与许厚泽院士辨认照片
（2018 年 5 月。左起：张思羽、张翼扬、王晓炜、许厚泽、张静婷）

覃兆刿看望并赠送许厚泽院士"五福"
（2019 年 4 月）

采集小组拜访许厚泽院士
（2020 年 9 月。左起：王晓炜、许厚泽、刘莉娟、郑韵涵、吴漾）

目 录

老科学家学术成长资料采集工程简介

总序一·································韩启德

总序二·································白春礼

总序三·································周　济

导　言································· 1

| 第一章 | 童年辗转成记忆 ············· 19

祖籍歙县 ························· 19

父母重视子女教育 ················· 21

手足情深 ························· 22

坎坷小学路 ······················ 25

第二章	上海的九年求学时光 ············· 28
	与家人上海团聚 ············· 28
	入读复兴中学 ············· 30
	考入同济大学测量系 ············· 32

第三章	中科院第一批副博士研究生 ············· 37
	进入中科院地理研究所 ············· 38
	师从方俊 ············· 40
	在大地测量领域崭露头角 ············· 44
	与武汉的缘分之始 ············· 47
	学业再遇坎坷 ············· 48

第四章	在重力测量领域渐入佳境 ············· 54
	痴迷莫氏理论 ············· 55
	将计算机技术引入天文重力水准计算 ············· 57
	超水平获得研究生学历 ············· 58
	建立中国鄂西山区高精度天文重力水准实验网 ············· 61
	因事业缔结良缘 ············· 64

第五章	动荡时期的科研 ············· 69
	服务国防：全球重力场模型 ············· 70
	历经震荡：事业与生活的双重挑战 ············· 73
	祸福相依：迈入固体地球潮汐研究领域 ············· 75

第六章	声名鹊起 ············· 78
	大形势向好，测地所得以恢复 ············· 79
	与比利时皇家天文台的交流合作 ············· 80

受聘为比利时鲁汶大学客座副教授 ·············· 83

潜心研究固体潮及负荷形变 ················· 87

建立我国 1°×1° 平均重力异常推估方案 ··········· 88

放弃赴德国学习机会 ··················· 89

| 第七章 | 测地所的掌舵人 ················· 92

担起测地所的管理重任 ·················· 93

选择学科交叉的创新道路 ················· 95

吸引、留住优秀人才 ··················· 96

引进、研发先进设备 ··················· 99

构建良好的单位文化 ·················· 106

注重对外交流 ····················· 107

当选为学部委员、任武汉分院院长 ············· 109

| 第八章 | 传统优势学科的创新发展 ············· 110

专注于地球重力场逼近理论与高空赋值 ·········· 111

将卫星测高技术应用于大地测量 ············· 114

在固体地球潮汐研究的国际前沿 ············· 119

| 第九章 | 在大地测量与地球动力学的交叉地带 ········ 125

以地球潮汐研究为桥梁 ················· 126

动力大地测量学的诞生 ················· 128

大地测量应用于地球内部物理研究 ············ 130

率先用重力方法检测青藏高原隆升速率 ·········· 132

建立中国科学院动力大地测量学重点实验室 ········ 136

| 第十章 | 赤胆为国　壮志不已 ··············· 142

一心为国的科学家 ··················· 142

放不下的"江湖" ·············· 144

因病短暂休息 ·············· 153

第十一章 | 高山仰止　敬而勉之 ·············· 155

真学者的大格局 ·············· 155

带学生不惜心力 ·············· 157

对新事物持强烈好奇心 ·············· 161

寓生活于人文经典 ·············· 162

于家庭乃慈父良夫 ·············· 164

结　语 ·············· 167

附录一　许厚泽年表 ·············· 176

附录二　许厚泽主要论著目录 ·············· 195

参考文献 ·············· 209

后　记 ·············· 213

图片目录

图导 -1　许厚泽院士审读采集小组整理的资料 ⋯⋯⋯⋯⋯⋯⋯ 10

图导 -2　采集小组成员与蒋福珍研究员留影 ⋯⋯⋯⋯⋯⋯ 11

图导 -3　采集小组在许厚泽办公室收集资料 ⋯⋯⋯⋯⋯⋯ 12

图导 -4　采访刘成恕研究员 ⋯⋯⋯⋯⋯⋯⋯⋯⋯⋯⋯⋯ 13

图导 -5　在华中科技大学采访罗俊院士 ⋯⋯⋯⋯⋯⋯⋯⋯ 14

图 1-1　许厚泽全家福 ⋯⋯⋯⋯⋯⋯⋯⋯⋯⋯⋯⋯⋯⋯ 23

图 2-1　青年时期的许厚泽 ⋯⋯⋯⋯⋯⋯⋯⋯⋯⋯⋯⋯ 33

图 2-2　许厚泽与高时浏 ⋯⋯⋯⋯⋯⋯⋯⋯⋯⋯⋯⋯⋯ 34

图 2-3　一九五五年同济大学毕业生工作分配名册 ⋯⋯⋯⋯ 36

图 3-1　方俊院士 ⋯⋯⋯⋯⋯⋯⋯⋯⋯⋯⋯⋯⋯⋯⋯ 40

图 3-2　许厚泽在方俊先生铜像前 ⋯⋯⋯⋯⋯⋯⋯⋯⋯ 43

图 3-3　论文《应用等方位线解反大地主题问题》首页 ⋯⋯⋯ 45

图 3-4　许厚泽等在南京欢送中国科学院测量制图研究室第一批
　　　　同志下乡参加农业生产 ⋯⋯⋯⋯⋯⋯⋯⋯⋯⋯ 49

图 3-5　许厚泽在北京参加测绘学会天文大地平差与航空摄影测量
　　　　学术会议与参会代表合影 ⋯⋯⋯⋯⋯⋯⋯⋯⋯ 52

图 4-1　《地球形状与外部引力场的研究方法》书影 ⋯⋯⋯⋯ 56

图 4-2　许厚泽研究生毕业证书 ⋯⋯⋯⋯⋯⋯⋯⋯⋯⋯ 60

图 4-3　许厚泽、杨慧杰夫妇合影 ⋯⋯⋯⋯⋯⋯⋯⋯⋯ 66

图 6-1　许厚泽随方俊访问比利时皇家天文台 ⋯⋯⋯⋯⋯ 81

图 6-2　许厚泽赴比讲学所使用的教学幻灯片 ⋯⋯⋯⋯⋯ 85

图 6-3　许厚泽赴比讲学工作概况汇报 ⋯⋯⋯⋯⋯⋯⋯ 86

图 6-4　1984 年许厚泽在方俊名誉所长八十寿辰庆典会上做报告 ⋯ 90

图 7-1　许厚泽第六届全国人民代表大会的出席证 ⋯⋯⋯⋯ 92

图 7-2　许厚泽与孙和平在美国 GWR 公司考察 ⋯⋯⋯⋯⋯ 94

图 7-3　许厚泽致信孙和平告知回国安排事宜 ·······················96

图 7-4　许厚泽在电脑前指导学生 ···································97

图 7-5　熊熊致许厚泽的信 ···98

图 7-6　Niebauer 致许厚泽关于 FG5 绝对重力仪出口许可证
　　　　办理的传真 ···100

图 7-7　许厚泽所长慰问职工 ·······································106

图 7-8　许厚泽与前国际大地测量学会主席库卡梅基 ···········108

图 8-1　许厚泽在四川野外考察 ·····································112

图 8-2　许厚泽在万隆参加第十届京都大学国际研讨会 ·········119

图 8-3　许厚泽汇报 GGP 计划有关情况致刘安国局长的信 ·······121

图 8-4　许厚泽获"国际固体地球潮汐委员会保罗·梅尔基奥尔奖"·····124

图 9-1　许厚泽手迹：科学的生命在于创新 ·······················125

图 9-2　许厚泽与德国波恩大学教授 Jentgsdn 夫妇 ···············127

图 9-3　许厚泽被聘为中国科学院上海天文台天文地球动力学
　　　　研究中心顾问 ···129

图 10-1　许厚泽手迹：努力学习，献身祖国测量事业 ···········143

图 10-2　许厚泽参观军事测绘大队 ·································145

图 10-3　许厚泽在七十寿辰宴会上 ·································146

图 10-4　测绘院士委员极地考察团合影 ·····························154

图 11-1　许厚泽与校友史惠顺、宁津生在同济大学百年校庆时的合影···156

图 11-2　许厚泽与学生们合影 ·····································158

图 11-3　许厚泽看望恩师方俊院士 ·································162

图 11-4　许厚泽在表演节目 ···163

图 11-5　许厚泽在家中读书 ···164

图 11-6　许厚泽与女儿许文颖 ·····································165

图结 -1　许厚泽参加同济大学九十五周年校庆与校友交谈 ·······169

图结 -2　许厚泽与方俊院士 ···171

图结 -3　许厚泽在华沙与外国专家交流 ·····························172

图结 -4　许厚泽手迹：对人才培养的思考 ·························173

导 言

地球是目前宇宙中已知存在生命的唯一天体，是人类和百万物种赖以生存的家园。为认识其运动规律，探寻它的奥秘，推动地球科学事业的发展，不少地球物理学家倾注了毕生心血，许厚泽便是这众多科学家中的一位。

许厚泽，1934 年 5 月 4 日出生于江苏省南京市，祖籍安徽歙县①，中国科学院院士（学部委员），著名的大地测量与地球物理学家。中国科学院测量与地球物理研究所研究员、博士生导师，国家测绘地理信息局科技委员会委员、中国地震局科技委委员、中国第二代卫星导航系统重大专项专家委员会委员、国家重大基础设施建设项目"中国大陆构造环境监测网络"科学委员会委员。1955 年，许厚泽毕业于同济大学测量工程系，1956 年考取中国科学院第一批研究生，并师从我国地球科学的先驱、著名大地测量学家方俊先生。1991 年当选为中国科学院地学部委员。曾任中国科学院测量与地球物理研究所所长、中国科学院武汉分院院长、国际大地测量协会执委、国际地潮委员会主席、国际重力委员会副主席，第六、七届全国人大代表。

自二十世纪五十年代末，许厚泽即与地球科学结下了不解之缘，他痴迷于大地测量与地球物理的研究，在地球重力学、固体潮汐等方面做出了卓越的贡献。先后主持、参与了中国天文重力水准的设计与处理、中国国

---

① 多数报道误认为许厚泽院士出生于安徽歙县。

家重力网的建立、固体潮观测与研究、现代地壳运动与地球动力学研究等重大课题，在地球重力的逼近理论与高空赋值、天文重力水准的计算与处理、地球重力场模型、地球潮汐模拟理论观测实验的研究中取得国内外有影响的显著成果，同时推动了我国大地测量学与地球物理学的交叉新领域——动力大地测量学的研究，为把中国科学院测量与地球物理研究所建成研究地球物理问题的国际性研究机构不遗余力。

主要经历与学术贡献

1934年，正值抗日战争时期，硝烟弥漫，许厚泽在南京出生后没多久就开始随父母颠沛流离。先后辗转于歙县、武汉、桂林、重庆、兰州、上海等地，"枪炮"和"逃难"贯穿了许厚泽的整个童年时代，满目疮痍的山河更在他心底留下了深深的烙印，但父母亲"重学"的家风却塑造了他坚毅的品格，曲折和艰苦的生活又在他幼小的心灵中播下了"担负起天下兴亡"的种子。

1946年，许厚泽随母亲从兰州前往上海。适逢离家较近的复兴中学刚刚兴办，于是，许厚泽选择入读该校初中二年级。在这里，勤勉好学的许厚泽受到了姚晶、陆佩兰、杨永祥等名师的指导，取得了优异的成绩，也在此时打下了坚实的数理化基础。

1951年，许厚泽以第一名的成绩被同济大学测量工程系录取，受夏坚白[①]、高时浏[②]、叶雪安[③]等众多大家的影响，对大地测量学、重力测量学

---

① 夏坚白（1903—1977），江苏常熟人。1929年毕业于清华大学土木工程系；1935年获英国伦敦大学帝国学院大地测量工程师文凭；1937年及1939年先后获德国柏林工业大学测量学院特许工程师文凭和工学博士学位；1954年加入九三学社；1956年当选为中国科学院学部委员（院士）。

② 高时浏，1915年生，福建福州人。毕业于加拿大多伦多大学首届大地测量专业研究生班。1951年底，放弃加拿大优厚的待遇，回到母校同济大学从事测绘教学和科研工作。

③ 叶雪安，又名安素，江苏金山人（现上海金山区）。1929年毕业于同济大学土木系。1933年公费留学德国，学习测量。1935年获慕尼黑工业大学特许工程师文凭，1937年回国任教于同济大学测量系。1946年随校迁回上海，重建测量馆，次年兼任大地测量研究所主任。1949年拒绝去台湾，留上海迎接解放。新中国建立初期，继任同济大学测量系主任。1955年参加创建武汉测绘制图学校（后改名武汉测绘学院、武汉测绘科技大学），任一级教授、天文大地测量系主任。1956年加入中国民主同盟，并任民盟湖北省委委员。"文化大革命"期间，因不堪羞辱和折磨，服毒自杀。

产生浓厚的学习兴趣，并有志进一步深造。1955 年，大学毕业的暑假，许厚泽听从高时浏教授的建议，借着实习的机会直奔中科院南京地球物理研究所方俊先生而去，并如愿成为方先生大地测量组的一员。

1956 年，正值我国执行第一个五年计划和周恩来总理号召全民向科学技术进军的火红岁月，中国科学院建立了研究生培养制度，许厚泽便以优异成绩考取了中科院第一批研究生，并师从我国地球科学的先驱、著名大地测量学家方俊先生。此后，在方俊先生指导下，许厚泽一方面更加刻苦地学习大地测量与重力测量方面的专业知识，另一方面抓紧相关学科的学习。许厚泽先后在南京大学数天系旁听学习数理及天文等课程，到中科院南京地理研究所随吴传钧研究员学习英语，1958 年 9 月还参加了中国科学院计算机培训班。正是这些学习为他后来专业的深入奠定了坚实的基础。也正是在此时，在方俊先生的指导下，许厚泽一步一个脚印地开始了他的科研生涯，1957 年，他创造性地提出应用等方位线及高斯投影解算大地主题的方法，并发表论文《应用高斯－克吕格投影解大地主题的初步意见》《应用等方位线解反大地主题问题》，竟在苏联大地测量学界引起较好反响，他所推导的"利用高斯克吕格投影方法解算大地主题"作为中国学者创建的大地测量学计算公式，被列入解放军测绘学院熊介教授撰写的《椭球大地测量学》教材中。出于对科学事业的热爱，许厚泽不断探寻和拓展自己的研究方向，在方俊先生的启发下，结合当时国家建立天文大地网的需要，他将自己的研究重心迅速转移到当时大地测量学发展的新领域——大地重力学，并将自己的毕业论文定为《山区天文重力水准研究》。1958 年 2 月，方俊与老一辈测绘学家共同创建了中国科学院测量制图研究室[①]，许厚泽随之到了武汉。受"大跃进"运动的影响，直到 1961 年研究才恢复，当时，许厚泽既要考基础课，又要写毕业论文，学习十分紧张。尽管如此，许厚泽依然能够将科研生活安排得井然有序。为更好地完成毕业论文，许厚泽前往北京测绘科学研究院调研三个月，利用获得的数据资料对

---

① 1961 年，"武汉测量与制图研究所"更名为"武汉测量与地球物理研究所"。此后，测地所成为我国以大地测量学手段研究地球物理问题唯一的研究所。

山区重力天文水准进行研究，认真分析莫氏[①]理论在国内的适用性，最终形成研究生毕业论文《山区天文重力水准研究》。论文针对我国山区重力场较苏联更为复杂的情况，提出处理天文重力水准测量数据时要精化中央区域的计算，用双极系统模块代替莫洛坚斯基的双曲椭圆系统模块，提高了山区重力精度并首次在电子计算机上实现。该论文获我国大地测量学界的高度评价，也受到了苏联专家的赞誉。不久，许厚泽以第一作者身份于《测绘学报》第二期发表论文《平原天文重力水准的计算模板》。仅凭借当时毕业论文答辩的优异表现，答辩委员会就一致认为许厚泽已经具备了副研究员的资格，但导师方俊先生认为"年轻人不能发展太快，得一步一步来"，因此，在导师的严格要求下，许厚泽从 1962 年 5 月担任中国科学院测量与地球物理研究所助理研究员直至 1979 年 1 月期间，具有了不同于常人的长期功练和早期积累，其专业基础和坚毅品质也为后来的科研生涯打下了坚实的基础。

研究生毕业以后，许厚泽为进一步推广和应用其提出的双极圆模板系统，便与蒋福珍、杨慧杰等三人到国家测绘局第一测绘大队同西安的同志一起对双极圆模板系统进行了试验和改进，最终，这项成果被推广到国家测绘局使用，并列入国家测绘总局颁发的《重力内业计算细则》中，作为两种作业模板之一。随后，为了解中国山区地形及重力场变化复杂的问题，许厚泽提出了天文水准代替天文重力水准以及空间异常的间接内插方法，即现在广泛使用的移去恢复法，并专门建立了我国鄂西北山区的高精度天文重力水准网进行实验。

1963 年，许厚泽提出的推算截断系数方法改进了经典的莫氏计算垂线偏差中维宁·曼乃兹（Vening Meinesz）函数的最佳逼近问题，导出了一组用于计算垂线偏差的新阶段系数，弥补了国际重力权威莫洛坚斯基对垂线偏差逼近公式的不足，并发表了《顾及远区域重力异常对垂线偏差影响的

---

① 莫洛坚斯基（1909—1991）：米哈伊尔·谢尔盖耶维奇·莫洛坚斯基（Михаил Сергеевич Молоденский），苏联著名的大地测量与地球物理学家，中国科学院通讯院士。1932 年毕业于莫斯科大学。1936 年毕业于莫斯科国立大学。在苏联中央测绘科学研究所工作，从事地球形状和地球重力场的研究。由于他在大地测量和地球物理研究方面的贡献，1951 年和 1963 年先后获得苏联国家奖金和列宁奖金。

计算公式》一文。1964 年，许厚泽进一步研究用于计算远区域环带重力异常对似大地水准面高程的及对垂线偏差的影响的公式，导出了一种关于重力异常的新系数的递推公式及球函数表达式，修正了莫氏方法应用于垂线偏差介标时的缺陷，并把逼近系数的求介归结为一组线性方程组，该成果以《关于重力异常球函数展式的变换》为题发表在《测绘学报》。

二十世纪六十年代末，受"文化大革命"的影响，科研工作艰难，但为了国家测绘需求，许厚泽从事了大量的军事和空间技术测绘保障的研究工作，率领团队搜集重力资料，于 1971 年构建了我国第一个顾及重力资料的全球重力场模型（14 阶 × 14 阶），并提交七机部一院使用。

1975 年，由于地震监测工作的需要[①]，许厚泽被借调至国家地震局分析预报组，在梅世蓉先生的指导下从事利用重力手段监测地震的工作。尽管处于"文化大革命"，科学研究以及工作环境都较为混乱，但是许厚泽却能够利用这些工作机会，虚心学习大量地震学、地质学、地球物理学的知识，特别是学习了关于地震的错位理论，利用地震系统观测仪器监测重力与地震之间的关系，并由此开始了固体潮及负荷形变的理论与观测研究，在国内首先发展了一种简便的重力潮汐理论值算法并做了推广使用。此后，在许厚泽的领导下，我国建成了横贯中国大陆的东西重力潮汐剖面、南北沿海重力固体潮汐面、南极长城和中山永久重力观测站，建立了武汉国际重力潮汐基准；研究了褶积与球函数结合的海洋负荷解算方法，发展了顾及地幔侧向不均匀性、椭率、自转及滞弹性的地球潮汐理论。由于在固体潮研究领域的杰出贡献，许厚泽先后当选为国际大地测量协会执委（1979 年）、国际重力测量委员会副主席（1983 年）、国际地潮委员会主席。

1978 年 3 月 18 日，全国科学大会在北京隆重召开，伴随着"科学春天"的来临，测地所得以恢复重建，这不仅掀开了测地所发展的新篇章，也为许厚泽的科研工作注入了新的生机与活力。在改革开放的春风沐浴下，许厚泽敏锐地意识到科学研究必须与国际接轨，走向国际前沿。1978

---

① 1966 年河北邢台大地震后，测地所响应中央号召，开展了一系列有关地震的研究工作。1970 年，测量与地球物理研究所划归国家地震局建制，组建为国家地震局武汉地震大队。参见《中国科学院测量与地球物理研究所综合年鉴（1957—2004）》，科学出版社，2007 年，第 18 页。

年底，许厚泽随方俊先生访问比利时皇家天文台讨论固体潮合作计划，这是许厚泽第一次出国访问。此后，测地所和比利时皇家天文台一直保持着密切的联系。1979 年 2 月，许厚泽被评为中国科学院测量与地球物理研究所副研究员。9 月，中国科学院测量与地球物理研究所、国家地震局地震研究所和比利时皇家天文台开始合作，在我国设立一个固体潮观测台网，设立乌鲁木齐、兰州、北京、沈阳、青岛、上海、武汉、昆明、广州九个站台。此前，比利时皇家天文台已于 1974 年在香港建台开展固体潮综合观测与研究。10 月，比利时皇家天文台台长梅尔基奥尔（Melchior）教授率领杜卡莫（B. Ducarme）等比方人员来到我国，在武汉、兰州、乌鲁木齐等地安装先进的北美型以及拉科斯特（Lacoste）型重力仪。开展重力潮汐观测的同时，他们还在武汉进行讲学。方俊先生安排许厚泽担任梅尔基奥尔教授的翻译。许厚泽因一次出色的翻译名动小洪山，此后，许厚泽又多次担任了梅尔基奥尔的翻译。与此同时，随着许厚泽对重力异常和垂线偏差研究的不断深入，他提出在最小平方逼近的基础上，采用于界圆处附加外界条件的所谓带约束的最佳平方逼近或利用样条函数逼近，发展了带界圆约束条件的高逼近级高程异常和垂线偏差统一逼近理论和截断误差估计，该论文成果《斯托克斯函数逼近和截断误差估计理论》于 1979 年底在澳大利亚堪培拉举行的第十七届国际大地测量与地球物理联合会（IUGG）会议上宣读，这也是我国恢复该会会员资格后，首次组团在国际学坛上亮相，该文得到国际大地测量学界的高度评价，为我国大地重力学研究步入国际水平做出了重要贡献。由于在该会上反响较好，1980 年至 1981 年，许厚泽受梅尔基奥尔教授邀请，前往比利时鲁汶（LEUVEN）大学为该校研究生讲授"地球形状及外部重力场"课程，并在比利时皇家天文台学习固体潮汐理论，进行合作研究。随后，许厚泽又与德国的延奇（G. Jentzsch）、英国的贝壳尔（T. Baker）、德国的格鲁腾（E. Groten）等教授在重力观测理论与研究方面展开合作，为中国科学院测量与物理地球研究所与比利时、德国、英国等建立了长期的合作关系，为我国固体潮汐研究走向国际前端奠定了基础。大地测量精度的提升与先进的仪器设备密切相关。为改变中国科学院测量与地球物理研究所仪器设备落后的状况，

1981年，从比利时工作回国时，许厚泽通过比方购买了两台美国拉科斯特LCR-G型重力仪，这也是当时国内最先进的拉科斯特重力仪。1985年又引进第一台超导重力仪，1995年引进第一台绝对重力仪。这些仪器的相继引进为建设现代化的测地所提供了强有力的技术支持。

1981年，许厚泽还参与了众多的国防和空间技术测绘保障的研究工作，研究了高空扰动重力赋值方法，并和部队同志一起，建立了我国$1° \times 1°$平均重力异常推估方案，成功应用于国防武器试验中。

许厚泽过人的科研能力得到德国格鲁腾教授的赏识，1982年，推荐其作为洪堡学者赴德国深造。但是方俊院士希望他留在国内，担起中国测地学科发展的重任。师命难违，许厚泽听从方先生的建议，放弃赴德学习的机会，一门心思投入到中国科学院测量与地球物理研究所的发展之中。同年年底，许厚泽出任测地所副所长。1983年，许厚泽正式担任中国科学院测量与地球物理研究所所长，并以学科交叉的思路将研究范围衍生到地球动力学及内部物理结构等领域，带领测地所在夹缝中突出重围。时至今日，中国科学院测量与地球物理研究所已经是大地测量学、地球物理学、地球动力学、环境科学及其交叉领域的重要科学问题和关键技术问题研究的重要阵地，包括地球局部和整体运动、地球内部结构及圈层相互作用、地球系统的质量分布和迁移、大地测量在空间利用和国家大型工程建设中的应用、长江中游地区环境与灾害监测评估及湿地演化与修复等。

1984年，许厚泽被国务院授予"国家级有突出贡献的中青年专家"称号。

二十世纪八十年代中后期，随着高精度空间大地测量技术和高精度地面重力观测技术的迅猛发展，许厚泽敏锐地推动大地测量与地球物理学、天文学等学科交叉，并提出建立新兴学科——动力大地测量学。在许厚泽的倡导和建议下，根据学科发展的需求，1986年，中国科学院批准在武汉市郊九峰山地区建立动力大地测量中心实验站，继续进行重力固体潮及相关学科的观测与研究工作并参与国际的地球动力学研究计划（GGP），随后该实验站被纳入国家野外观测站，于2012年升级为大地测量与地球动力学国家重点实验室。

1991 年，许厚泽被选聘为中国科学院地学部学部委员。

1993 年 3 月，许厚泽担任中国科学院武汉分院院长，在处理院务工作的同时，他带领一批青年骨干在动力大地测量学这一前沿学科开展研究工作，开展广泛的国际合作，并在地球科学的重大科学问题方面取得系列成果。在地球潮汐形变及地球动力学研究方面，研究了地球滞弹性及地幔侧向不均性对理论潮汐模型的影响，完善了地球潮汐理论，成为国际上三大潮汐理论模型之一。与国际同行共同发起和组织了"超导重力仪用于地球动力学研究"（GGP）国际合作计划，研究包括固体潮在内的全球动力学问题，最终出版了《固体地球潮汐》专著。在地壳运动研究方面，组织开展了对青藏高原东部地区利用全球定位系统（GPS）的观测与研究，首次开展了用重力方法检测青藏高原隆升的研究。先后与日本京都大学、日本国土地理院、东京大学、韩国天文与空间科学研究院合作开展"中日利用超导和绝对重力仪在东亚地区实施高精度重力联测"以及"利用 GPS 技术研究东亚地区地壳运动"等多项国际合作项目，并出任了日本东京大学 KAG 项目的海外专家。在叶叔华院士的领导下积极参与和推动了国际大地测量协会组织的"亚太空间地球动力学研究计划"，并作为叶叔华院士负责的"现代地壳运动和地球动力学研究"国家攀登项目的主要参与人。此外，他还在"九五"国家重大科学工程项目"中国地壳运动监测网络"中，负责建立中国大陆微伽级绝对重力基准网，用绝对重力观测方法检测了青藏高原隆升以及发现云南丽江地震同震形变产生的重力变化，出版了《青藏高原大地测量研究》。在地球内部结构与物理研究方面，针对利用大地测量观测研究内部动力学的若干问题，如冰后均衡调整、地表大地水准面与地幔密度的侧内不均匀性等开展研究。积极参与了"国际三维岩石圈结构研究计划"，并以此为开端，与国际有关研究机构，如意大利的里雅斯特大学（Trieste）的布雷滕贝格（C. Braitenberg）教授等建立了长期合作关系，共同开展了动力大地水准面、中国岩石圈密度、流变及强度等研究[1]。

---

① 许厚泽院士文集。北京：科学出版社，2014 年。

面对国际卫星测高技术的发展，许厚泽院士在我国率先开展了卫星测高在中国近海海洋地球物理及海洋环境中的应用研究。利用多种卫星测高数据结合海洋资料，确定高精度和高分辨率的大地水准面、海面地形及海洋重力场，并在海平面变化趋势、厄尔尼诺现象与海平面变化、海底地形反演与新构造的发现等多个研究方向上取得了重要成果①。

二十一世纪以来，许厚泽不再担任领导职务，但仍然坚守在科研前沿，以国家需求为己任，继续在大地测量、地球动力学、卫星测高及卫星重力测量等多个领域潜心耕耘。

半个世纪以来，许厚泽获得了多项重要奖励。"1°×1°军事空间重力异常计算方案"获中国科学院科技成果奖二等奖（1982年），"我国精密重力的相对联测"获中国科学院科技成果奖二等奖（1982年）、"地球重力场逼近理论与实践"获中国科学院科学技术进步奖一等奖（1986年）、"地球重力场逼近理论与高空赋值模式"获国家自然科学奖三等奖（1987年）。还曾获何梁何利基金科学与技术进步奖地球科学奖（2004年）、国际地球潮汐领域最高奖项国际固体地球潮汐委员会保罗·梅尔基奥尔（Paul Melchior）奖（2013年）。

学高为师，身正为范。许厚泽在年轻人的培养方面，倾注了心血。八十五岁的他，给学生指导论文、参加答辩会，即使生病了也没落下，他提出的宝贵意见总能让学生备受启发。自1979年以来，他为我国大地测量研究培养硕士、博士五十余名。如今，他的学生大多已成为我国大地测量领域的中坚力量，有的甚至成为国内外著名学者、中科院院士等。

工作之余，许厚泽爱好十分广泛。唱京戏，打篮球，看球赛，看电影，品历史名著，烧菜，这些都是他所热爱的。

采集过程与采集成果

许厚泽学术成长资料采集小组有湖北大学档案学、历史文献学、图书

---

① 许厚泽院士文集。北京：科学出版社，2014年。

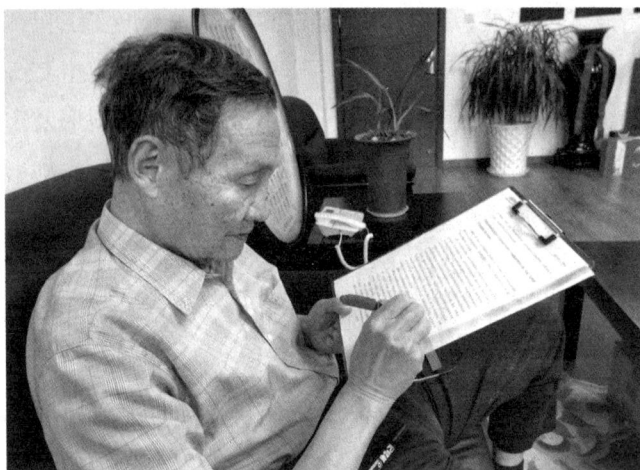

图导 -1　许厚泽院士审读采集小组整理的资料

馆学的师生，以及院士秘书刘成恕[①]研究员，是一支有专业特色、高度责任感与使命感的队伍。早在 2018 年 5 月项目正式启动之前，湖北大学就先期同许厚泽院士以及测地所相关方面进行了多次沟通，并在许院士办公室、测地所图书资料室、许院士家中开展了一些实物资料的采集与非正式访谈。这些工作为后续采集工作的顺利开展抢占了先机。

采集小组大致以下述原则为指导展开工作。

一是对采集工作实行"前端控制"。一方面，采集小组仔细研读了中国科学技术协会制定的采集工作的技术指南，在采集过程中严格按照科协所规定的各项技术指标开展工作，保证采集工作高效有序进行；另一方面，明确采集的重点是许厚泽院士的学术成长资料，如师承关系、学术思想、学术成就等的实物资料和口述资料。

二是贯彻"千言万语""千方百计""千山万水""千辛万苦"的"四千"精神。采集工作一开始，我们就认识到采集工作的使命，过程也将十分艰辛，而且不光需要热情，还需要专业。采集团队与许厚泽院士及其家属、所在单位进行了多次沟通，最终赢得一致的支持与配合。为更加系统地收集资料，采集小组成员先后奔赴同济大学档案馆、华中科技大学、武汉大学中南医院等多地收集资料和开展音视频访谈。在采集过程中，团队也克服了许多困难。由于许院士年事已高，身体状况不太稳定，

---

① 刘成恕：中国科学院测量与地球物理研究所研究员，1990 年毕业于中国科学院测量与地球物理研究所固体地球物理专业，获得理学硕士学位。

我们的直接访谈进展艰难。其间，采集小组常常前往中南医院，陪着老人散步、锻炼身体，在轻松的氛围中获取线索。遇许院士状态稍微好些，至多也只能访谈一小时。尽管直接访谈的时间分散，但在付出与关怀过程中我们同许院士建立了深厚的感情。

三是做好采集工作规划，注重闭环反馈，适时灵活调整。我们的采集工作大致分为资料采集、报告撰写和资料补充三个阶段。在统筹协调的基础上因时制宜，因地制宜。考虑到院士的身体健康，直接访谈进展缓慢，采集小组便将间接访谈提前，深化直接访谈的案头准备以及资料的整理。2019年8月，采集小组在测地所收集实物资料时遇到许厚泽院士已退休二十余年的同事蒋福珍研究员，在与蒋老师的沟通中，得知她曾在许厚泽的课题组从事科研工作，不仅参加了许厚泽院士的硕士毕业论文答辩、还一起进行过多次调研、科研。采集小组意识到这是一个难得的机会，便即刻向蒋老师介绍了采集工作的意义与目的。那天，窗外淅淅沥沥地下着雨，我们在会议室听着蒋老师讲述其科研生活往事。蒋老师兴致盎然、如数家珍，讲到重要之处，还拿起笔给我们演算。尽管事前没有准备录像机，只能用手机记录，但这次采访却为作资料长编和写作传记提供了重要的材料。每次访谈中，采集小组都耐心听取被访者的意见，并在下一次采访中改进。初评、中评，直到终评，张黎教授、吕瑞花教授都给我们提出了宝贵的意见，充分肯定了我们用知识图谱形式呈现科学家的学术成就、师承关系的方法。本着严谨认真的精神，研究报告的写作亦经过多次反馈和闭环复盘。

四是强化学习，大胆创新。尽管采集小组有一些采集经验，

图导-2　采集小组成员与蒋福珍研究员留影

图导 -3　采集小组在许厚泽办公室收集资料

但在执行这次采集任务时，小组成员也不忘研读口述史、采访学等相关论著，参加口述史的相关培训，在每次采集任务完成之后都及时就采集工作做回顾总结，攻克采集工作的难点。采集小组以知识图谱的形式分析许院士的学术成就，利用可视化的图表呈现许厚泽院士的重点研究领域以及与之相关的合作学者之间的关系，在大地测量学的整体发展背景和脉络中，梳理许院士个人学术成长轨迹。

　　根据上述原则，采集工作最终完成，并取得以下成果：传记二十二件（原件十四件）、证书七十八件（原件七十六件）、学术手稿九十四件（原件四十八件）、信件一百九十二件（原件一百六十六件）、学术著作十一件（原件六件）、学术论文四百二十二篇（原件八件）、专利五件、报道四十八件（原件两件）、照片一百一十四件（原件一百零七件）、档案十三件（原件十二件）、其他类三十七件（原件二十二件），视频访谈九百八十九分钟，音频访谈一千三百零四分钟。其中弥足珍贵的有：1958 年许厚泽参加中科院计算机培训班同学名录的手稿，1979

年至 1990 年许厚泽主要项目情况的手稿，1980 年至 1981 年许厚泽在比利时皇家天文台鲁汶大学讲授"地球形状及外部重力场"课程的手稿，1982 年许厚泽固体潮研究的手稿，1989 年许厚泽亲笔所写的个人情况自述，1994 年 David Crossley 致许厚泽关于全球地球动力学研究计划（GGP）设计 1.1 版本的信、许厚泽致刘安国关于汇报全球地球动力学研究计划和"动力大地测量试验台站"的信，1995 年 Fred Schwab 致许厚泽关于同意作印度坎普尔任务组的教员的感谢及资金补助说明的传真、学生杨元喜致许厚泽关于询问是否收到有关星载 GPS 的资料和汇报在美国的工作现况，1996 年许厚泽致 Jentzsch 教授关于超导重力仪和邀请 Markus Ramatschi 来武汉指导交流的事情，2001 年许厚泽致路甬祥院长、陈宜瑜副院长关于测地所的创新与发展的信，《一九五五年同济大学暑假毕业生工作分配名册》，"中国大陆重力潮汐异常分布及其地球物理解释"与"中国大陆重力潮汐观测与研究"项目的档案原件，等等，这些都是反映许厚泽院士的学术交往、治学理念、教书育人的重要资料。

在为期两年的采集工作中，小组成员付出了辛勤的汗水，也收获了许多令人难忘的感动。在前期到中期阶段，出于对院士身体状况的考虑，我们暂停了对院士本人的直接访谈，转向间接访谈。我们清晰地记得，2018 年 11 月 3 日，那天是一个周六，本来没有采访刘成恕研究员的安排，但因为他周日要赴北京出差，于是选择出差前夕牺牲休息时间接受我们的访谈。访谈持续了两个小时，这是许院士项目的第一次音视频访谈，对采集小组而言，这是对我们的认可，也是一个好的开端。从学生时代相识到成为

图导 -4　采访刘成恕研究员

许厚泽院士的贴身秘书，刘成恕研究员悉数讲述了这些动人的往事。访谈结束后，他还赠送给我们许院士讲座《水下导航问题》的手稿，并拷贝了许院士参加学术会议的一些电子照片。此后，我们时常叨扰刘成恕研究员，每次询问许院士的身体状况或是资料的确认，等等，他总是极为耐心地解答。在研究报告的审定方面，刘成恕研究员更是鼎力相助，给了我们许多宝贵的建议。

2019年4月29日至30日，第一届精密测量物理国际研讨会在华中科技大学召开，许院士告诉我们，中山大学罗俊[①]院士将主持会议。29号清晨，采集小组前往华中科技大学国际学术会议交流中心八号楼三楼会议室等待会议开始，希望能够借机与罗院士沟通采集事宜。为不打扰罗院士参会，采集小组在茶歇期间约好会间音视频访谈。哪知直到晚上七点钟，会议尚未停止，罗俊院士还要陪同外籍专家用晚餐，我们只好安静地等着。或许是被小组成员认真执着的态度所打动，罗俊院士主动提出从第二天上午的报告会抽身参加我们的访谈。访谈时长四十五分钟。罗俊院士生动地讲述了导师许厚泽在大方向把握上使他终身受益，并对许厚泽院士视科学为生命的崇高科学追求发自内心地敬佩。

在采集的整个过程中，我们所感受到的善意远远不止这些。一直以来，采集工作得到中国科学院测量与地球物理研究所各办公室、档

图导-5 在华中科技大学采访罗俊院士

① 罗俊：引力物理专家，中科院院士。1982年毕业于华中工学院（现华中科技大学）物理学系，获理学学士学位；1985年华中工学院研究生毕业，获中山大学理学硕士学位（当年华中工学院还没有相关硕士学位授予权，因此由中山大学授予）；1999年，毕业于中国科学院测量与地球物理研究所，获博士学位；2001年入选教育部"长江学者奖励计划"特聘教授；2009年当选为中国科学院院士；曾任中山大学党委副书记、校长。

案室，特别是许厚泽院士的家人、众多同行同事、硕博士生弟子的大力支持，在此致以诚挚的感谢。

研究思路与写作框架

采集小组所采集的许厚泽院士传记共有二十二件，这些传记有三种类型：其一为他本人亲笔撰写的，主要反映了其简要家世和求学过程，以及从事学术研究的主要经历、学术活动和获得的奖励；二是公开发表的传记文学性质的作品，反映了许厚泽院士从事大地测量及其交叉学科研究的主要经历，其中描述了科研过程、治学方略及人才培养理念；三是他个人纪念文集的序言，讲述了他科研领域不断拓展的心路历程。尽管这几类传记性资料，或较粗线条表述，或偏于文学色彩，但却可作为撰写院士学术传记的参考。

本书共有十一章，以传主研究经历为主线，同时结合该学科发展和时代背景，突出学术肯綮和重要学术成果，力图真实地展现许厚泽院士的学术成长和学术成就。

第一章叙述了许厚泽的家庭情况，孩提时期随父母辗转歙县、上海、桂林、武汉、成都、重庆、兰州等地艰难求学的经历。纵然坎坷，父母亲"重学"的家风给了他勤勉好学的品格，"逃难"与"全民抗战"的生活则在他的幼小心灵播下了"肩负天下兴亡"的种子。

第二章，是传主在上海的九年求学时光。抗日战争胜利后，许厚泽随母亲返回上海就读复兴中学，得到姚晶、陆佩兰等一批教学名师的指导，打下了坚实的数理化基础。从复兴中学毕业后被同济大学录取，误打误撞进入测绘专业，在大地测量学大家高时浏、叶雪安、夏坚白等影响下对大地测量学、重力测量学产生浓厚的学习兴趣，继而拜会方俊先生，并进入中国科学院南京地球物理研究所大地测量组，笃定跟随方俊先生深造。

第三章讲述许厚泽在中国科学院地球物理研究所的工作。第二年，以优异的成绩考取院里第一批研究生，师从地球科学先驱、著名的大地测量学家方俊，做地球投影和椭球面大地测量学研究。方先生"勤能补拙"的精神激励着许厚泽谦卑向学。研究生初期，许厚泽创造性提出应用等方位线及高斯投影解算大地主题的方法，在国内外测量界引起较好的反响。1958年，许厚泽随单位搬迁到武汉，在反右等一系列政治运动的大背景下仍然不忘钻研，并广泛学习数理、英语以及计算机知识。

第四章，在重力测量领域渐入佳境。许厚泽在等方位线及高斯投影等方面的研究成果基础上继续钻研，沿着椭球面大地测量方向进一步深入，研读晦涩艰深的莫氏理论，并以此理论为基础，结合计算机知识及我国山地特征，最终完成了学位论文《山区天文重力水准研究》。毕业答辩时表现优异，受到夏坚白、周江文等知名专家的一致认可。毕业后，他与同事在西安推广其毕业论文中的双极原模板系统，该模板最终被国家测绘总局列入《重力内业计算细则》。在西安工作的时光里，许厚泽与杨慧杰结婚。

第五章，动荡时期的科研。"文化大革命"期间，条件十分艰苦，许厚泽面临着科研和生活上的双重挑战。他参与国防相关的科研工作，构建了我国第一个顾及重力资料的全球重力场模型。后测地所被并入地震局，他利用参与地震工作的机会学习错位理论，寻求大地测量学与地震监测相关的切入点，并由此拉开了固体潮研究的序幕。

第六章，声名鹊起。"文化大革命"结束后，测地所得以恢复，许厚泽重拾天文测量学、大地测量学及重力学方面的研究，建立了我国1°×1°平均重力异常推估方案，同时继续开展固体潮方面的探索。其论文《斯托克司函数逼近及截断误差估计》在澳大利亚堪培拉举行的第十七届国际大地测量与地球物理联合会（IUGG）大会上反响热烈，也因此受聘为比利时鲁汶大学客座副教授。他听从导师方俊先生的建议，放弃了洪堡基金赴德国学习的机会，出任测地所副所长，一门心思钻研学科并全力投入测地所的发展。

第七章，测地所的掌舵人。1983年7月，许厚泽出任中国科学院测量与地球物理研究所所长，承担起领导和建设中国科学院测量与地球物理研究所的重任。通过创新科研内容，引进先进设备，培育和引进优秀人才，加强与国内外科研机构的交流合作等措施，强力推动测地所的发展和繁荣。因在学术和测地所管理上的贡献突出，许厚泽于1991年被选聘为学部委员，1993 年担任中国科学院武汉分院院长。

第八章，传统优势学科的延续和发展。许厚泽将传统的大地测量与我国正大力发展的高空技术结合起来，专注于地球重力场逼近理论与高空赋值的研究，带领团队先后拓展了国际权威比亚哈默理论，改进了全球的地球重力场模型等。他凭借着敏锐的科研眼光，将卫星测高纳入空间大地测量技术的应用范畴，推动了大地测量学发展。固体潮研究方面，通过与比利时、日本、美国等多个国家的合作，开展了一系列有意义的研究，取得了飞跃的进步。其本人于 2013 年 4 月获得该领域最高奖项"国际固体地球潮汐委员会保罗·梅尔基奥尔（Paul Melchior）奖"。

第九章，在大地测量与地球动力学的交叉地带。讲述许厚泽以开拓性的思维，将测地所的研究范畴延拓至地球动力学及地球内部物理等领域，用大地测量学的观测研究和理论思想去研究与此相关的交叉学科问题，建立动力大地测量学，引进先进设备，建立重点实验室，带领中国科学院测量与地球物理研究所突出重围。

第十章讲述许厚泽步入高龄阶段，仍然没有停止工作，其摸爬滚打了数十载的地学界，成为其放不下的"江湖"。只有在生病住院的时间里，才愿意放下手里的工作，短暂休息。

第十一章讲述许厚泽作为学者的格局与胸怀，对学生的尽心尽力，对妻女的细致温柔，以及他对生活的热爱，多角度丰富其工作与生活场景，总结其处世风格、人格修养。

尽管许厚泽院士学术成果丰硕，但其为人极为谦卑，待人处事十分宽容，无论人生际遇如何，总是乐观向上，用行动诠释做人、做学问的崇高境界——"厚德载物，泽润大地"。仰之弥高，钻之弥坚。希望本书能成为了解许院士的学术足迹、感受其严谨治学和人生信条的一扇窗。

第一章
童年辗转成记忆

　　许厚泽祖籍安徽歙县，1934 年 5 月 4 日出生于江苏南京 [①]。他是许作人和江杏华夫妇的第四个孩子，其上有大姐许桂轩、二姐许蕊仙、大哥许厚熹，下有弟弟许建光。许厚泽出生在家庭条件渐好之际，父亲按"厚"字辈给他取名厚泽，希望他将来能够厚德泽福，小名唤作阿农。随家人辗转抗战大后方，目睹了民族贫难下的山河破碎，童年时期的许厚泽就养成了自立自强的品格，树立了爱国奋斗的信念。开明重教的家风深刻影响了他。

祖 籍 歙 县

　　歙县隶属于安徽省黄山市，位于安徽省最南端，北倚黄山，东邻杭州，南接千岛湖。歙县是古徽州府治所在地，为徽州文化和国粹京剧的发源地，也是徽商、徽菜的主要发源地，所产徽墨、歙砚远近闻名，素有

[①] 许厚泽访谈，2019 年 4 月 19 日，武汉。资料存于采集工程数据库。

"徽剧之乡""徽文化之乡""徽商故里""东南邹鲁""文物之海""程朱故里""礼仪之邦"等美称，人文气息格外浓厚。①徽学是与敦煌学、藏学并称的我国三大地域文化之一。歙县于 1986 年被授予"国家历史文化名城"称号，歙县古城与云南丽江、山西平遥、四川阆中是我国保存最完好的四大古城。黄山之下的歙县，山环水绕、林田交错、瓮城古巷、马头墙青瓦，秀丽山水与古朴建筑交融化合，自然钟灵毓秀、人才辈出，诸如程元凤、许国、吴谦、黄宾虹、陶行知都是歙县人。在介绍故乡名人的过程中，许厚泽特别提到许国：

> 我们歙县许家倒是有一个很有名的，叫许国，现在县城里面还有著名的许国大牌坊。他是明朝一个皇帝的老师，但是个保守派，跟张居正同时代。许国大牌坊是明朝万历年间皇帝给他建的，到现在已经四百多年了。②

许厚泽祖上受地域文风浸润，同样也是家风翰墨香，可文可商。许厚泽出生前，他的祖父已去世。祖父是一位乡绅，从事商业的，在歙县城有一定的名望。祖父育有四个子女，许作人排行老二。祖父重视子女教育，许厚泽的伯父和父亲都接受了良好教育。伯父毕业于唐山铁道学院土木工程专业，后来一直担任铁道部高级工程师，曾经勘测过宝成铁路、鹰厦铁路等。许厚泽的父亲许作人（1901—2001）婚后继续学习，坚持念完了大学，1928 年毕业于国立中央大学③商科，毕业初期，留校在学校会计科做财会工作。

外祖父家在歙县郊区，是属于工商业、地主这一类的家族。母亲江杏华缠过足，排行第四，上有两个哥哥、一个姐姐，下有一个弟弟。江杏华和许作人结婚时不到二十岁，婚后即操持家务、养儿育女。

---

① 《歙县志》，1995 年版。

② 许厚泽访谈，2019 年 4 月 19 日，武汉。资料存于采集工程数据库。

③ 1928 年 4 月，江苏大学易名为国立中央大学，后又数度易名移址。1988 年 6 月更名为东南大学。

许厚泽记得母亲曾说过，1937 年全面抗战开始时，母亲带着他回歙县避乱，待了数月。抗战胜利后，约是 1946 年的夏天，从兰州回上海后不久，外祖父去世，又回过歙县。2001 年，许厚泽已年近古稀，为庆祝表姐八十岁大寿，许厚泽和夫人以及兄弟姐妹齐聚歙县，在那待了七八天。那次许厚泽特意到外祖父家看望了亲戚，又随堂弟回祖宅细看。祖宅是典型的徽式建筑，布局以中轴线对称分列，面阔三间，中为厅堂，厅堂摆放八仙桌和条凳，四侧为室，厅堂前方是天井以采光通风，厅堂后是厨房和仓库，是院落相套的多进式集居形式，营造出纵深自足型家族生存空间。祖宅外观是传统的封闭式高墙，马头翘角，黑瓦白墙，典雅大方。最近一次回歙县是 2006 年在黄山开完会后，许厚泽和女儿许文颖顺路到歙县转了转，发现祖宅依旧，周边住户却几经迁徙，显得格外清净。谈到自己的故乡，许厚泽略带遗憾又饶有兴味地说：

我还是很希望有生之年再去转转，故乡还是一个非常美丽、淳朴的地方。①

父母重视子女教育

在许厚泽的印象里，父母是严父慈母式的组合模式，家庭氛围和教育也是传统中国式的，强调读书学知识，成家立业。

父亲许作人在孩子们的眼中是严厉的，脾气上来除了训斥还会动手打两下。父亲的严厉还表现在自律性上，他做事很有条理，所有东西都整理得顺顺当当，这可能与从事财务工作有关。当孩子用心读书，取得了好成绩，许作人也会及时表扬。许厚泽印象最深刻的是，在他十岁的时候，父亲特意买了一支钢笔送给他，这大概算得上他儿童时代收到过的最贵重的

① 许厚泽访谈，2019 年 1 月 4 日，武汉。资料存于采集工程数据库。

物质奖励了。

父亲许作人对许厚泽最为深远持久的影响非京剧莫属。从小生长在"徽剧（徽班）之乡"，即使离开歙县，到了上海，他也一直保持着对京剧的喜欢。小时候许厚泽在家时常看到父亲就着收音机听京剧，后来也偶尔带着他到戏院去看戏。记得二十世纪五十年代，许厚泽就跟着父亲去看过杨派老生杨宝生在上海唱的一出戏。

母亲江杏华婚后主要负责操持家务、抚育子女。她和普通的家庭妇女一样的勤劳，一样日复一日地做着类似的家务活，比如缝纫、绣花、烧菜，等等。"一天到晚这个手也是不停的，好像坐在那没事了就很难过的样子。"①

母亲烧的菜，是许厚泽记忆中最美的家乡味。

许厚泽最佩服母亲江杏华自学识字。母亲江杏华虽出身地主家庭，但在重男轻女的时代，她从小并不识字。新中国成立后，全国范围内开展扫盲运动，她也通过看《红楼梦》学习生字词。那时候许厚泽和许建光大学还没毕业，常常住在家里，江杏华遇到不认得的字便问兄弟俩，通过日积月累，日常的认读已不成问题，只是不怎么会写。

父严母慈是典型的中国父母状态，在许厚泽眼中，父亲许作人虽然严厉，但又给了子女自由空间，他开明而重视教育，支持五个子女先后完成了高等教育并使其各有所专，还启蒙了许厚泽终生的京剧爱好。母亲江杏华则性格温和、细致，对许厚泽有至关重要的影响。

手足情深

许厚泽姊妹五个，大姐许桂轩、二姐许蕊仙、大哥许厚熹、弟弟许建光，他们的童年都亲历过抗日战争，皆品性坚强自立。由于父母重视教

---

① 许厚泽访谈，2019 年 4 月 19 日，武汉。资料存于采集工程数据库。

育，五人中除大姐外四人接受了高等教育。

大姐原名许桂仙，长大后自己改名叫许桂轩，在歙县出生，高中毕业后结婚。大姐夫曾经在南京龙潭水泥厂当副厂长，后来因为"文化大革命"受到冲击去世。许桂轩也是姐妹兄弟中去世最早的。

二姐许蕊仙，也在歙县出生，1949年在南京从国立中央大学农业学科毕业。毕业后先到上海的一个中学教了两年生物，后调入丈夫所在的北京农学院工作。夫妻二人在北京没待几年，又调到哈尔滨支持东北农学院建设，成为东北农学院的教授。在二姐九十岁的时候，全家人都到哈尔滨去为她祝寿。许厚泽的夫人杨慧杰对许蕊仙称道有加，赞赏其为爱情舍弃上海的高工资而转到北京，之后又为国家建设再到更艰苦的东北。

哥哥许厚熹，小名谦吉，在杭州出生，1952年从北方交通大学毕业[①]。毕业后分到吉林铁路局做高级工程师，退休以后到上海定居。

图 1-1　许厚泽（后排左一）全家福

---

①　许厚熹入校时校名是上海交通大学，毕业时学校合并改组为北方交通大学。

弟弟许建光，受许厚泽的影响读了化学专业。1960 年从北京大学化学系毕业，分配到成都工作，是四川大学的教授。在川大任教期间，曾受聘于一些企业，力挽狂澜，救活过化肥厂之类的工厂。许建光和许厚泽同在复兴中学，也是姐妹兄弟中和许厚泽一起生活时间最长的一个。

和许作人结婚后，江杏华就在歙县祖宅和公婆、兄嫂一起居住。许厚泽的奶奶重男轻女，他的伯母在民国元年即 1912 年生的第一个孩子就是儿子，第二年又生了一个儿子。而父亲这一房 1920 年、1925 年则是许桂轩和许蕊仙两个女儿相继出生，虽说婚姻是门当户对，但在重男轻女的家庭里却也难免受些压抑。因为许厚泽的外祖父家在歙县郊区，离县城不远，所以当时大姐许桂轩经常到大姨家去玩，二姐许蕊仙常常到大舅家去玩，母亲江杏华时常回娘家小住。到了 1929 年，江杏华怀上了第三胎，她害怕又生一个女儿要在家里受气，于是跑到在杭州做生意的大哥家。此时许作人在南京毕业留校做财会工作已有一年，逐渐有了独立的经济能力，于是在杭州生下许厚熹。此后，许作人和江杏华便在歙县外有了独立的小家。

按许家的族谱派序，许厚熹、许厚泽等男孩当属"厚"字辈，许建光出生时社会思想越加开放，没有按"厚"字派取名。在传统重男轻女的思维和现实环境中，女孩地位相对轻微，许家的女孩并不按派取名，但像大家族一样具有统一性，基本都取名叫许某仙。在武汉铁道部的堂姐原本也以仙字为名，因为她是秋天出生的所以后来改名叫许立秋。之后，许建光、许桂轩、许立秋等许家后人取名时渐渐突破了传统家族派别的限制，这在某种程度上也是反映了一个传统大家族日益开放的过程，用许厚泽自己的话来说就是：

> 在我们这个家庭里，封建的东西已经逐渐淡化了，我的伯父、父亲，都受过高等教育，这些必然会变。[1]

---

[1] 许厚泽访谈，2019 年 4 月 19 日，武汉。资料存于采集工程数据库。

由于支援国家建设的需要，解放初期，许蕊仙、许厚熹及家眷都去了东北，许建光定居成都，许厚泽则在武汉发展。姐妹兄弟虽然分散于全国各地，但是一直都保持着比较密切的联系。后来有了电话、微信之便，情感联络也更方便。每到哪位整十寿辰的时候，姐妹兄弟就欢聚一堂。比如，2013年许厚泽八十岁，大家都来了武汉；2015年许蕊仙九十岁，大家都去了哈尔滨；2016年许建光八十岁，大家都到了成都。年岁越高，也越知亲情珍贵。2018年许厚泽生病住院，年事已高的许建光及其夫人还专程从成都赶到武汉看望许厚泽，停留近一星期。许厚泽说，姐妹兄弟虽天南海北，各自为家，但关心常在，彼此的情谊是不错的。

坎坷小学路

许厚泽三岁多的时候，抗日战争全面爆发，致使父亲的工作经常调动，从1937年夏直到1946年夏，他基本上和母亲、弟弟许建光一道跟随父亲，辗转于南京、歙县、武汉、上海、桂林、重庆、兰州等地。许厚泽形容那个时候的父亲，"像打前战一样，说走就走"[1]，然后一家人就跟着四处漂泊。因此许厚泽整个童年和小学时光显得支离破碎。

父亲许作人在南京的国立中央大学商科专业毕业后，留校在学校会计处做财会工作，后进入位于南京的国民政府资源委员会做财会工作。1937年8月13日，上海八一三事变爆发，淞沪会战全面打响。许厚泽随母亲江杏华及家人从南京回老家歙县躲避了数月，父亲则继续留在南京工作。11月初，淞沪会战以国民军失利撤退而渐入尾声，国民政府首都南京已直接暴露在日本侵略军的兵锋之下，于是，根据离南京转武汉赴重庆的国民政府战略，许作人带着从歙县回南京汇合的家人，跟随单位调转至汉口。再后来，许作人工作又调换到中国银行，于是举家迁往上海，住在复兴中

---

[1] 许厚泽访谈，2019年4月19日，武汉。资料存于采集工程数据库。

路的法租界里^①。因中国银行工作的需要，此时父亲经常在上海和香港间往返。1941 年 12 月 7 日（当地时间），日本偷袭美国珍珠港，太平洋战争爆发。日军控制了上海公共租界和法租界，中国银行退居大后方支持经济与抗战。许作人和江杏华夫妇只好带着许厚熹、许厚泽、许建光从上海坐船南下湛江，再从陆路北上桂林。一路艰辛。首先是坐火车到金城江，然后换乘汽车到桂林。许厚泽还依稀记得："那时候火车上都是人，车顶上都是人……开得非常之慢。"^② 许作人与家人到桂林会合后，自己又继续北上兰州，进入甘肃水利林牧公司^③ 工作。

从 1942 年至 1943 年，许厚泽和家人则在桂林停留一年，读完了小学四年级。许厚泽对桂林上学时印象最深刻的是课间躲避日军轰炸机。即使是正在上课，只要气球^④ 一升，警报一响，小学生们就通通要跑到独秀峰下的防空洞去躲避，直到警报解除才能回学校正常上课。读完四年级，许厚泽随家人北上重庆与大姐许桂轩夫妇以及二姐许蕊仙汇合。许桂轩夫妇1941 年结婚，夫妻在重庆工作生活。许蕊仙因在上海读书等原因，并未随家人南下湛江，而是与其堂兄直接从上海到重庆与家人汇合。到重庆稍作安顿后，许作人便至重庆将江杏华、许厚泽、许建光接到兰州。

许厚泽对小时候在兰州生活的印象算是最深刻的。那时一家人住在兰州的西关十字。当时兰州城小，最为繁华的地区就是南关十字和西关十字，实际上就是交通流量大的两条主干道形成的十字形区域。住的房子颇似老北京的四合院，四四方方的一座，四面都有住户，是土坯盖成的。

1943 年到 1945 年，许厚泽在国民政府铁道部门组办的兰州扶轮小学继续完成了五、六年级的学业。

从许厚泽记事起，父亲总是因为工作或因为战事辗转各地，所以，许厚泽从小也随之颠簸漂泊，然而，生活的艰辛却养成了他对新生活满怀希冀的乐观态度，动荡的年代也反过来锻造了他坚韧的性格与坚强的毅力，

① 八一三事变后，国民政府要求国家银行和各行选择安全地点临时营业，上海中国银行从汉口路 50 号迁址至法租界霞飞路（今淮海中路 624 号）与霞飞路办事处一同营业。
② 许厚泽访谈，2019 年 4 月 19 日，武汉。资料存于采集工程数据库。
③ 1941 年，甘肃省政府与中国银行合办甘肃省水利林牧公司。
④ 气球炸弹，是日寇的一种武器。

一个强大安定的国家更是他早已萌生于心底的梦想。

1945 年，许厚泽从兰州扶轮小学毕业。同年 8 月 15 日，日本宣布无条件投降，艰苦卓绝的抗日战争取得了胜利。当天，兰州市民以及郊区的农民都自发上街，敲锣打鼓庆祝胜利。

1946 年夏，许厚泽在兰州读完初中一年级后，随家人回到上海。

第二章
上海的九年求学时光

回到上海后，许厚泽在离家很近的复兴中学从初二读到高中毕业，以第一名的优异成绩考入同济大学测量系，在上海度过了九年的求学时光。这九年是许厚泽求学生涯中最为稳定的九年，也是极为重要的九年。勤勉好学的许厚泽在复兴中学受到了姚晶、陆佩兰、杨永祥等一批教学名师的指导，取得了优异的成绩，数理化都在此时打下了坚实的基础。大学期间又受到夏坚白、高时浏、叶雪安等众多大家的影响，让他对大地测量学、重力测量学产生了浓厚的学习兴趣。

与家人上海团聚

1945 年，日本无条件投降后，淮南矿路股份有限公司业务得以复苏，许作人任公司董事会的审计处长。次年，听从公司的安排，回到上海工作。

一切稳定后，许厚泽也随母亲从兰州出发前往上海与家人团聚，先是坐长途汽车到重庆，再从重庆换乘轮船回到上海，耗时十天十夜才终于抵达。[①] 记事以来，许厚泽就一直跟着母亲从一个地方换到另一个地方，早已习惯这种长途旅程，这一次不同的是，他们是朝着和平、安宁，能真正称之为家的地方而去，沿途所观，战火结束不久的大地，虽然仍是满目疮痍，但也显出挡不住的生机，令人满怀希望，难抑欣喜。

上海，这个小时候曾经待过的地方，对于许厚泽来说，印象已是十分模糊。

许厚泽住在虹口区，旧时这里是"上海国际公共租界"[②]，被划分为北、东、中、西四个区域，中区和西区在苏州河以南，北区和东区在苏州河以北，日本侨民人数在北区和东区占有绝对的优势。在中国国内多次战乱中，日本均借口保障日侨利益，在虹口组织所谓的自卫组织，派驻海军陆战队，建立军事机构，将虹口划入日军的防区。淞沪会战爆发后，中国军队经过浴血奋战后撤出战区，日军完全占领上海。公共租界工部局被迫承认日本对公共租界北区和东区拥有全部的管理权。日本人从此仗着军事优势，趾高气扬，将这一区域完全占为自己的势力范围，自此，虹口地区通常也被称为"上海日租界"。1945年日本投降后，为集中遣返日本侨民，国民政府在虹口建立日本侨民集中区，对他们的生活做了妥善安排，逐渐遣返滞留的日本侨民。

生长于战争年代，亲眼目睹了日本侵略者带来的深重苦难，但许厚泽还从未见过日本人，稚气未脱的他对日本人有着一种复杂的好奇感。回到上海时，集中区的日本侨民还没能全部回国，在这里，许厚泽第一次见到了日本人。

> 我没见过日本人，我见到日本人的时候就是已经在上海了，那个时候日本人已经战败了，一个个在地上摆着地摊卖东西，都是些家里面不用的东西，能卖多少钱就卖多少，准备回国。[③]

---

① 胡铁树、张书成：《心中装着地球的人》。见湖北省科学技术协会编著：《科学家的故事——湖北院士风采》，世界图书出版公司，2013年，第26-27页。

② 又名英美租界，是近代中国出现的第一个租界，由原英租界与美租界于1863年9月合并而成。

③ 许厚泽访谈，2019年1月4日，武汉。资料存于采集工程数据库。

十二岁的许厚泽终于结束了颠沛流离，期待着平静安稳的生活。

入读复兴中学

在兰州时许厚泽已经念到初一，重新择校是他回到上海所面临的头等大事。天资聪颖、好学上进的许厚泽最初的目标是当时上海市最有名、到现在仍名列全市第一的上海中学。想要进入这所学校读书，必须先通过严格的考核。许厚泽当时已经成功拿到入学资格，但最终放弃了。一是上海中学要求住读，二是学校要求重新从初一读起。

此时复兴中学刚刚开办，在学生的挑选上，除了基础能力外并没有什么过多的附加条件，加上离许厚泽的家又近（步行只需十分钟），他便选择了这所学校，成了复兴中学最早的一批学生。回忆起与母校的特殊缘分，许厚泽不无得意地说道："我在复兴中学算是元老了，一直从初中读到高中毕业。"

复兴中学的前身是"上海共济会学校"，始建于1886年，抗战胜利后，学校重建，1946年定名为"上海市复兴中学"。校名取"复兮旦兮，兴我中华"之意，饱含家国情怀，寄托着"兴教图国强"的期望。复兴中学从初建到现在，一直以其自由之学风而闻名，它不要求从兰州转校来的许厚泽重读初一，并允许其走读，包容开放程度可见一斑。起初，许厚泽也更多是因为这两点便宜选择了它，真正走进复兴中学之后，他发自内心地喜欢上了这所学校。1946年的复兴中学虽是新办，但其师资水平很高，学生素质也普遍不错，这些都给许厚泽留下了深刻的印象。时隔七十多年，谈到各门课程的任课老师，他还能准确地道出他们的名字。

化学老师陆佩兰教得非常好，使我对化学产生了非常大的兴趣。数学老师都非常有名，像杨永祥老师。后来办了上海师范，把杨永祥调去了数学系。英语老师陆贞明，也非常好。代数老师黄公安也很不错。①

那个年代的中学还没有文理分科的做法，语文、数学、英语、历史、地理、物理、化学、生物，什么都学。到了高三会有一个自然的倾斜，一个年级两个班，一个偏文一点，一个偏理一点，许厚泽所在的是偏理班。许厚泽坦言，中学的时候，学得最好的是化学和数学，数学里又以代数最好，物理他学得最差。

许厚泽的儿子后来念书时也是数学成绩很好，物理成绩很差，这门学跛了腿的科目直接导致了他没考上大学。或许偏科也会遗传，许厚泽的爱人杨慧杰回忆道：

> 我的儿子数学考得很好，八十几分，物理只考了个二十几分，他的总分被拉低了不少，所以就没考上大学。②

相比小学期间的颠沛流离，中学的环境安定。包容开放的校风，才华横溢的老师，都令许厚泽倍感珍贵，即使是学得最不好的物理，他依然兴趣浓厚，尤其是对其中的电学部分，高考填志愿时还因为误以为测量系是关于电器的而错报了测量系，后来却在测量领域大有建树。

许厚泽认为自己在同学里大概处于中等偏上稍稍靠前的位置，同届的优秀同学对他也有积极影响。这些影响不仅体现在学习上，还体现在思想上。回忆中学岁月，许厚泽言语之中对母校充满了肯定：

> 复兴中学有几个同学对我影响很大，其中一个叫倪振雄。他思想比较进步，解放以前就受地下党的影响，所以解放的时候跟他一起。在鼓励我进步这方面，他起了很大的作用。
>
> 复兴中学是相当不错的，对我的成长起了很重要的作用。③

---

① 许厚泽访谈，2019 年 1 月 4 日，武汉。资料存于采集工程数据库。
② 杨慧杰访谈，2019 年 1 月 16 日，武汉。存地同上。
③ 许厚泽访谈，2019 年 1 月 4 日，武汉。存地同上。

这段时光令许厚泽难忘，他时常感念令人敬重、引导其成长的老师，感念一起成长、鼓励其进步的同学。复兴中学后来的校长姚晶先生曾教过许厚泽几何，在姚老师八十岁生日时，许厚泽还专程登门祝贺。昔日的同窗旧友里，直到许厚泽去世，有几位仍然保持着联系，延续了大半个世纪的友谊，持久而深厚。

直到今天，复兴中学仍然以其自由的学风、强大的师资队伍在上海享有极好的口碑。

中学时代见证着一个人从少年到青年的生命进阶，是个人成长的关键时期，一所好的中学，可以为一个人的一生奠定重要的基础。志在"复兮旦兮，兴我中华"的复兴中学，培养出了一批批优秀校友，包括许厚泽在内的多位中国科学院院士与中国工程院院士。

考入同济大学测量系

1951 年，十八岁的许厚泽高中毕业，以第一名的成绩考入同济大学测量系。四五十年代的同济大学与复兴中学有着类似于大学与附属中学般的亲密。当时的同济大学校本部就在四平路，和复兴中学挨得很近。同济大学法学院直接跟复兴中学公用一栋教学楼，法学院占三分之一，复兴中学占三分之二[①]。当然，现在已经全部为复兴中学所有，是其初中部所在地。有这层亲密关系在，同济大学十分积极地动员复兴中学的学生报考。

因公用教学场地，复兴中学的学生对同济大学自然也会报以不一样的眼光；复兴中学的老师们也十分鼓励学生们去考，还会为此安排专门的参观；加上这所大学的实力本就相当不错：当时包括许厚泽在内的很多学生都把同济大学列为高考志愿的优先选项。此外，对许厚泽来说"离家近"

---

① 许厚泽访谈，2019 年 1 月 4 日，武汉。资料存于采集工程数据库。

也是让他报考同济大学的重要原因。但后来被测量系录取，却有很大的意外成分在里面。

中学期间，许厚泽既感兴趣又学得最好的科目是化学，所以高考第一志愿就填报了化学系。当时他误以为测量系与电器相关。他物理虽然学得一般，但对电学有兴趣。无巧不成书，最后恰恰这个被他误解的系录取了他。录取结果登报时，许厚泽在化学系找了好几遍没找到自己的姓名。结果在测量系里找到了，名列第一。

图 2-1　青年时期的许厚泽

这个美丽的误会最终成就了许厚泽：中科院院士，大地测量与地球物理学家。

那个年代里，获取信息的渠道十分有限，很多学生对大学里的专业到底学些什么，并不清楚。进入大学后许厚泽才发现，这个专业与自己的理解根本不是一回事。同学们的情况也都差不多，被录取到这个专业，大部分是望名生义引起的误会。刚刚开学的时候，整个班级都笼罩在莫名的情绪之中，为此，学校没少给学生们做思想工作。班里还有好几名同学退学了。许厚泽抱着既来之则安之的态度留在测量系，而且后来越学越有兴趣，特别是对大地测量学、重力测量学。[1]

新中国建立以后，国家对高等教育十分重视，投入巨大，要求也相对严格。那个时候，大学生所面临的学习压力相比当今要大得多，想要学好一门专业，尤其是测量这种工科类专业，很是需要一定的功底和能力。许厚泽回忆他当时所在的班级二十多人，有一名女生后来学习跟不上留到了低年级。

同济大学测量系当时的师资力量是全国数一数二的。当时给许厚泽上课的老师多是测量界的名家，如我国当代测绘事业开拓者、时任同济大学校长的夏坚白先生，同济大学测量系主任叶雪安先生等。还有几位年轻老

---

[1]　许厚泽访谈，2019 年 1 月 4 日，武汉。资料存于采集工程数据库。

图 2-2 许厚泽（中）与高时浏（左）

师，像秦裕媛、高时浏也给许厚泽留下了深刻的印象。老师们对专业、对教学的热情及自身的人格魅力，都深深影响了许厚泽，他爱上了自己的测量系，并下定决心毕业后在大地测量和重力测量领域继续深入。

许厚泽的数学基础好，大学期间，秦裕媛老师让他在数学方面上愈加进步，为以后所从事的专业创造了良好的条件。

回忆起大学时光，这些老师在课堂上的讲授，课堂外和自己交流的情形都还历历在目，许厚泽感恩于老师们的教导和影响，也感叹于这些老师后来的命运。

> 秦裕媛老师教我们数学，后来教我们数学（二），数学（一）就是微积分，数学（二）是其他的一些，像微分、几何、线性代数这些。她使我对数学的兴趣更大了。后来到了武汉，她便被调整到了武汉测绘大学。"文化大革命"期间，在武测给批判了，批斗了一通。平反以后，不愿意再回武测，她就去了武汉钢铁学院，现在叫武汉科技大学。①

专业方面，许厚泽认为，对他影响最大的是高时浏老师。当时，高时浏刚从国外回来，带回来一些新的思想和专业方面的前沿内容，他所讲授

---

① 许厚泽访谈，2019 年 1 月 4 日，武汉。资料存于采集工程数据库。

的"地球重力学"和"大地形状学"课程让许厚泽产生了浓厚的兴趣，他隐约感觉到，高老师所教授的这些内容可以更加深入地应用于我国大地测量的实践，或能取得一些突破和发展[1]。

高时浏课讲得好，人又十分有朝气，不拘一格，年轻的许厚泽对他有些许的崇拜，两人后来私下里有些接触。高老师也很欣赏许厚泽专业上的出众能力和学习热情，自是乐于参谋建议、以老带新。他不拘年岁行辈，以平等态度与许厚泽讨论专业，讨论个人发展。后来，高时浏的一个建议对许厚泽的人生产生了巨大影响。

高时浏老师当时刚刚从加拿大回国，我印象很深。他穿一件毛料的大衣，到我们教室里面，把大衣一脱，往旁边的课桌上一摔。那课桌上脏得很，他也不在意。我对他教的重力测量学和地球形状课程非常感兴趣。很可惜，他后来被划为右派。这对他影响很大，之后就没得到重视了[2]。但是他很活跃，人非常开朗，唱歌唱得非常好。同济大学一百周年校庆的时候，高老师还在庆典上高唱一曲。当时我也去了，那个时候我已经被选为院士了。校庆很隆重，德国原总理施罗德、我们的陈至立副总理都去了。高时浏对我影响非常深。我们私下交流时，他说他的重力测量也是现学现卖，说我们国家这方面最权威的就是方俊，若是我想继续深造的话，要跟着方先生去才行。[3]

高老师的建议，许厚泽一直铭记于心。找到专业兴趣也坚定了自己未来发展的方向，大学的学习时光变得快乐、充满获得感，四年很快就过去了。转眼，临近毕业，测量系的所有学生需要完成一项野外实习，实习结束后就将面临工作分配。

---

① 潘显章:《经天纬地谱华章——记大地测量与地球物理学家许厚泽院士》.《政策》，2001（11）：52。

② 1956年，在全国院系大调整中，高时浏调入新建的武汉测绘科技大学任教。1957年，他被划为右派，1962年"摘帽"，1966年又遭批斗。多年来一直受到不公正的待遇。1979年平反。

③ 许厚泽访谈，2019年1月4日，武汉。资料存于采集工程数据库。

老师带我们去做测量实习，沿着浙赣路做水准测量，背着水准仪一站一站测过去。在金华做了金华山大佛寺的三角测量，建立一个锁网。我后来还专门做了一个最高的，在金华的明月楼上面。[1]

实习期间，许厚泽和同学们到过杭州，到过金华，最为重要的是，他借着在外实习的机会，专程到南京地球物理研究所，拜访了高时浏所说的重力测量权威方俊。方俊被称为我国大地重力学和地球形状学创始人，先前在同济大学当过教授，与当时测量系的一些老师算是旧交。1950 年，也就是许厚泽入校的前一年，他调任南京的中国科学院地理研究所研究员、大地测量组主任。从与高时浏老师的谈话中许厚泽得知，方先生曾经向同济大学测量系主任叶雪安教授要过人，叶老师当时所推荐的人选正是许厚泽。这无疑是一条极好的消息，选择地球物理研究所可谓是天时地利人和，达成这一心愿几乎已无悬念。短暂的会面后，许厚泽满怀欣喜地回到了学校。

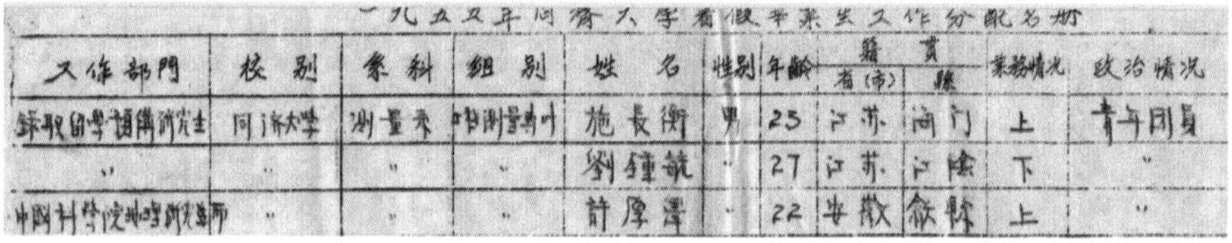

图 2-3　一九五五年同济大学毕业生工作分配名册

不久，面临毕业分配，许厚泽在志向栏里填了南京地球物理研究所。对于许厚泽来说，离开上海这个待了九年的地方去外面看看，也是一件新鲜、有吸引力的事情，更何况因他喜欢的专业而离开。

《一九五五年同济大学暑假毕业生工作分配名册》中记载：许厚泽，1955 年同济大学毕业后分配至中国科学院地理研究所工作，时年二十二岁，籍贯为安徽歙县，业务情况为"上"，政治情况为"青年团员"[2]。

---

[1]　许厚泽访谈，2019 年 1 月 4 日，武汉。资料存于采集工程数据库。

[2]　资料来源：同济大学档案馆。

第三章
中科院第一批副博士研究生

1955 年，许厚泽大学毕业后进入南京的中科院地理研究所工作。8 月，中科院率先建立研究生培养制度。1956 年，许厚泽以优异成绩考取了地理所第一批研究生，师从方俊。受导师勤勉、严谨之风的影响，许厚泽在研究生阶段更加努力钻研，不仅在其专业领域深入学习，还主动吸收数理、天文、英语、计算机等相关学科的有用知识，进一步夯实科研基础。虽说进入了自己喜欢的专业领域，并师从行业泰斗，但许厚泽这一阶段的求学之路并不平坦。自 1957 年始，反右派斗争、"大跃进"等运动接踵而来，外部环境动荡不安，全国范围内的研究生制度在这一特殊的历史时期几近中断，直到 1961 年，中央宣布八字方针，研究生制度才得以恢复，原本应三年完成学业的许厚泽，至 1962 年才正式研究生毕业。1956 年 8 月，导师方俊与老一辈测绘学家共同创建中国科学院测量制图研究室，1957 年，许厚泽随所从南京迁往武汉。

进入中科院地理研究所

在高时浏老师的建议和叶雪安主任的推荐下，许厚泽从同济大学毕业后便分配至中科院地理研究所大地测量组，方俊时任该组组长。如高时浏所说，方俊先生是当时国内大地测量方面最权威的专家，也是中科院地理所的元老。1950 年 6 月地理所筹备之始，方俊便从同济大学离职，搬到九华山宿舍负责大地测量组的工作，从白手起家到团队初步成形，他为此倾注了不少心血。

1955 年，许厚泽本科毕业时，地理所成立五年不到，对于一个新机构而言，专业人员的补充是其发展初期所面临的重要问题之一。正是方俊利用自己在同济大学任教期间积累的人脉关系，才疏通了人才供应渠道，许厚泽等人是当时第一批从同济大学分配到南京地理所工作的毕业生。"1955 年开始，每年均有一批同济大学测量系专科和本科毕业的同学分配来所，有许厚泽、郑忠良、胡庭辉……毛慧琴、杜慧君等，从青岛工学院分配来所的有杨怀冰、张牙、林人杰等。人员有了增加，开始划分各个学科组。"①

是年，包括许厚泽在内，同济大学测量系共有三名毕业生分到了地理所，但另外两人并不在方俊的团队。

经过本科四年的学习，许厚泽对大地测量产生了浓厚的兴趣，并在这方面表现出过人的学习能力，此次来到南京，能分到方俊组里工作，对他个人而言，无疑是最为称心的一种安排。此时，外部环境也在一点点地变化，为他未来的学习和研究孕育了良好的条件。

中华人民共和国成立初期，百废待兴，国家建设的方方面面都需要科学事业的支持。1956 年，国家做出一系列重大决定，全力支持科研工作和高端人才的培养。1 月 14 日，中共中央在北京召开全国知识分子会议，周

---

① 孙和平主编:《中国科学院测量与地球物理研究所综合年鉴（1957—2004）》。科学出版社，2007 年。

恩来在会上作了《关于知识分子问题的报告》。报告向全党、全国人民发出了"向科学进军"的号召。这是新中国成立后第一次把知识分子问题、发展科学技术问题，作为全党必须密切关注的重大工作郑重地提了出来。[1] 同年，国家开始制订科学技术发展十二年远景规划。方俊和测量界著名学者夏坚白、王之卓、陈永龄等参加了规划讨论会。会上有学者提出测量与制图不能算是学科。方俊与其他学者一起，力陈测绘学的科学原理及其在国民经济建设中的作用，得到与会者的公认，从此肯定了我国测绘学的学科地位。7月11日，为了适应社会主义建设的需要，高等教育部颁布了《1956年高等学校招收副博士研究生暂行办法》，决定在普通研究生（三年学制）之外，部分高校开始招收副博士研究生，学制为四年，多出的一年主要用于加强科研和完成论文[2]。

许厚泽一生中经常赶上第一。回上海时，复兴中学刚刚兴办，他成为母校第一批学生；从同济大学毕业，适逢南京地理所急需专业人才，他又成为同济大学向地理所输送的第一批毕业生；工作一年不到，赶上国家号召向科学进军，教育部推行新研究生制度，他便又考上新中国第一批"副博士"研究生。

> 我1955年9月到的南京。1956年中央号召向科学进军，建立了研究生制度。那个时候研究生就是所谓博士、副博士，是苏联那一套。所以我1956年底决定要考研究生。当时还不是单位里面考，我还得跑到科学院上海分院去考。后来被录取，就跟着方先生。最初是跟着方先生做地图投影的工作和椭球面大地测量学的研究。方先生的地图投影研究也是非常有名的。地图投影包括做地图用的地图投影和大地测量用的地图投影。这两个不完全一样。[3]

---

① 倪佳：《1956年1月14日党中央号召"向科学进军"》，《解放日报》，2019年1月14日，第二版。

② 李鹏：《中国副博士研究生培养制度的历史考察》，《当代中国史研究》，2013年第20卷，第3期，第36-40页。

③ 许厚泽访谈，2019年1月4日，武汉。资料存于采集工程数据库。

师 从 方 俊

图 3-1　方俊院士

许厚泽所在的大地测量组本就是方俊担任主任。考取研究生后，二人除了工作中的上下级关系，又多了一层学业上的师徒关系。方俊对许厚泽的影响至为关键。这个业内极负盛名的权威专家在工作和生活中没有一点架子，无论是对待学生还是下属都秉承一种民主平和的态度。如方俊本人自述，他从小受的庭训便是如此，"出来工作后，对那些跟我工作之人我从来不敢以上级自处。我们可能会为有些事争得红面赤颈，但我从来也不敢以上级的地位去申斥他们。"[①]自由的学习氛围和启蒙式的教授方法，给了许厚泽很大的思考空间，让其受益良多。南京时期，二人在同一个办公室工作。

我跟方先生后来在一个办公室。他经常出差，跟现在这些大腕们差不多。但是，方先生人非常好，我在那很自由。他的书架、书桌上有很多书，随便我们去翻，他也不会生气。方先生日常指导我的方式基本上就是，指定我看几本书，然后有一些问题跟他讨论一下。我觉得一个老师不能用那种填鸭式的教育方法，最重要的还是启发学生自学。另外，方先生的自学思想对我也有很大的影响。[②]

与方俊相熟的学生和同事们都知道，他在学术上能取得如今的成就，

---

① 方俊：《从练习生到院士——方俊自述》。湖南教育出版社，2012 年。
② 许厚泽访谈，2019 年 1 月 4 日，武汉。资料存于采集工程数据库。

靠的是自己十二分的努力，与测绘界有名的夏、王、陈（夏坚白、王之卓、陈永龄）三人相比，他自我奋斗的道路走得艰辛很多。年少时因为家里经济状况不好，不得已从唐山交通大学肄业，进入天津顺直水利委员会当了一名普通的练习生。他白天工作，晚上学习，自学了数学分析、大力测量学、投影几何学等多门内容。后进入北京地质调查所工作，与丁文江、翁文灏等地质学家一起编纂《中国地图集》。查阅制图资料时，发现了一套美国海陆测量局的不定期刊物，里面讨论了很多地图投影的前沿方法，他花了很多工夫钻研学习。那个年代，国内几乎没人懂得地图投影学，他因此便被清华大学地质系聘请去讲授有关课程。他在地图集的编纂工作中的付出得到了丁文江的认可，立下遗嘱要送这位年轻人去留学："方俊在地图工作中出力最多，他既无享名又不享利，我们是很对不起他的，此人很努力，应该帮助他深造。"后来他在德国学习了两年，因第二次世界大战爆发不得不提前回国。

　　一个大学没有毕业的人，通过几年的自学能够走上国内顶级高校的讲台继而成为领域内数一数二的专家，他的学习能力和努力程度是不难想象的。但方俊为人特别谦虚，他总说自己是因为笨所以才要付出更多的努力，始终以"勤能补拙"作为自己的座右铭，并以此激励后生，现在中国科学院精密测量科学与技术创新研究院（原测量与地球物理研究所）东湖园区一号楼大厅，摆的方俊先生的塑像基座上就刻着他写的这四个字。许厚泽印象最深刻的也是他的刻苦精神：

　　　　当时我们在南京，每天都到办公室去，晚上还学习到十点钟，再回去睡觉。每晚经过方先生的住所，他窗口的灯总是亮着的，每天都工作到很晚。他有一句名言，也是他留给我们测地所的座右铭：勤能补拙。现在我们大楼上面刻了他写的这四个字。他大学没读完，就因为家庭经济情况辍学工作了，但他的自学能力非常强。①

---

① 许厚泽访谈，2019 年 4 月 19 日，武汉。资料存于采集工程数据库。

感叹于导师的踏实勤勉，许厚泽在专业学习上也以同样的标准要求自己，一步一个脚印地打牢专业基础，碰到难题时也绝不退缩。他曾经为了搞懂"莫氏理论"，一遍又一遍地翻阅原著，直到自己终于彻底搞懂为止。一本精装的书籍，封皮竟因长期翻阅被磨破。[1]

方俊超强的自学能力也令许厚泽惊叹、崇拜，他不仅年轻的时候如此，到了暮年，七十多岁的时候还自学计算机，甚至自己摸索着编软件。生活中方俊在学生和同事们的心中也是一种慷慨豪爽、待人极好的形象。

> 方先生非常自立。以前计算机刚出来，有一个叫 PC1500 的小计算机，所里面说派一个人去给他编软件，他说不用，自己在那学习。另外，他的人品也很好，待学生、待同事，都很好。方先生很豪爽，在 1958 年之前，他工资比较高，出差的时候，他经常请客，请大家吃饭。1958 年以后就不行啦，请不起了。[2]

对许厚泽来说，几年前的方俊还只是一位传闻中地球重力学领域的著名科学家。经过近距离接触，有了全方位的了解后，其形象变得更为清晰、高大。许厚泽心中的导师不仅是一位才能出众、勤敏过人的学者，更是一位方方面面堪称标杆的榜样。所谓为人师表。之后几十年的相伴中，方俊对许厚泽的影响不仅直接体现在学术的指导上，也间接体现在为人处世、治学之风的耳濡目染上，他对科研的热情和专注，对学生及同事的尊慷慨、谦和，这些方面无不感染着作为后生的许厚泽。在许厚泽的八十寿辰庆典上，他深情表达了对恩师的感谢：

> 作为中科院的第一届研究生，我要特别感谢我的导师方俊先生。他的学识、人品及毅力，不但在我当学生的年代，而且在我和他相识、相处的近四十年中，一直感染着我。我跟着他开展地图投影、地

---

[1] 潘显章：《许厚泽》。见：《20 世纪中国知名科学家学术成就概览·地学卷·地球物理学分册》，科学出版社，2010 年，第 322~323 页。

[2] 许厚泽访谈，2019 年 1 月 4 日，武汉。资料存于采集工程数据库。

球重力学、固体地球潮汐的研究，开拓着为大地基准建设、军事测绘保障、地震监测等国家需求的服务方向，乃至发展大地测量地球动力学交叉的新学科。方先生的座右铭勤能补拙刻在我们所大楼他的塑像下面。遗憾的是，我的"勤"做得远不如他。[1]

今天，我们从罗俊、刘成恕、蒋福珍等人口中听到的许厚泽，一如许厚泽口中当年的方俊，这是师生之间自然而然

图 3-2　许厚泽在方俊先生铜像前（2014 年）

的一种潜移默化，也是两代科学家之间的精神传承。

许厚泽热爱测量事业，学生罗俊形容这是他生命里不可分割的一部分。七十岁的时候，他曾计划着，从此淡出江湖，享受生活，但对科研工作的投入早已成为他难以改变的习惯，到了八十岁也没能做到淡出，即便是学生去他家里看望，闲聊几句仍然离不开科学的话题。正是因为这种几十年不变的热爱和持续投入，许厚泽在专业领域做出了突出贡献，和当年的方俊一样，其学术地位几乎已是不可撼动，并且他也同样承袭了导师身上的智慧与谦和，在学生和所里的年轻同事眼中，许厚泽是一位没有架子的领导，是一位"亲和力很强"的前辈。指导学业时，许厚泽十分尊重学生的个人意愿，往往只在大方向上给出建议，会给学生充分的自主空间。他虽身居所长、院长，但只要是学业上的问题，学生都可以随时找他交流，从未有人觉得这样有什么不妥。王勇回忆说：

①　许厚泽：《在八十寿辰庆典上的答谢词》，2014 年 5 月 4 日。手稿，资料存于采集工程数据库。

我们随时都可以找他。有时候就是去讨论问题。要是有文章请他指导，就先放他那，他都会很快地给你修改，提出意见。和他相处，我从不感到拘束。有的当领导的、当老师的，下属、学生就不太敢去找，怕打扰到他们。许老师就很有亲和力。[①]

刘成恕回忆道：

因为科学院学术氛围比较浓厚，许所长也没有官僚作风。一般情况下，我们背后都叫他"老许老师"，有时候甚至直接说"老许"，很少用"许先生""许老"什么的称呼他。[②]

在大地测量领域崭露头角

考上研究生后，许厚泽在导师方俊的影响和指导下，很快在地球投影学和解算大地主题方法研究方面显露出过人的才华。服务于大地测量的地图投影工作相比于制作地图的投影工作更为精细，但对物理学的知识要求不多，需要用到的知识集中于数学领域，尤其是几何学、微分几何方面的内容，这些恰好都是许厚泽的强项。他的数学基础非常好，后来又专门在南京大学数天系旁听有关课程，在地图投影的有关工作中充分发挥出了自己的优势。

在大地主题的解算中，除通常用大地线计算外，人们也会想到用其他曲线来计算。其中，1954 年民主德国的约赫曼（Jochmann）首先发表了应用等方位线解反大地主题的观点[③]。这篇文章引起了许厚泽极大的兴趣，因

---

① 王勇访谈，2019 年 4 月 19 日，武汉。资料存于采集工程数据库。王勇博士期间导师为许厚泽。王勇曾任中科院测量与地球物理研究所所长。

② 刘成恕访谈，2018 年 11 月 3 日，武汉。资料存于采集工程数据库。

③ 约赫曼：Berechnung von Länge und Azimut einer geodäfischen Linie mit Hilfe der Loxodrome。*Vermessungstechnik Heft*，1995 年，第 227–230 页。

此他想到将公式加以扩展和改进，使应用等方位线①解反大地主题成为一种更加完善的方法。1957年，许厚泽发现：约赫曼是利用与现成高斯中纬度公式的比较来解决应用等方位线解主题正算和反算问题的，但这种方法比较烦琐，而且要继续扩充是非常困难的。因此，他仿照蒂恩斯特拉（Tienstra）求法截线与大地线之差别的方法，对约赫曼提出的公式加以扩展与改进，完善了应用等方位线解反大地主题法，其研究成果《应用等方位线解反大地主题问题》发表在了《测量制图学报》②，并在苏联大地测量学界引起了较大反响。

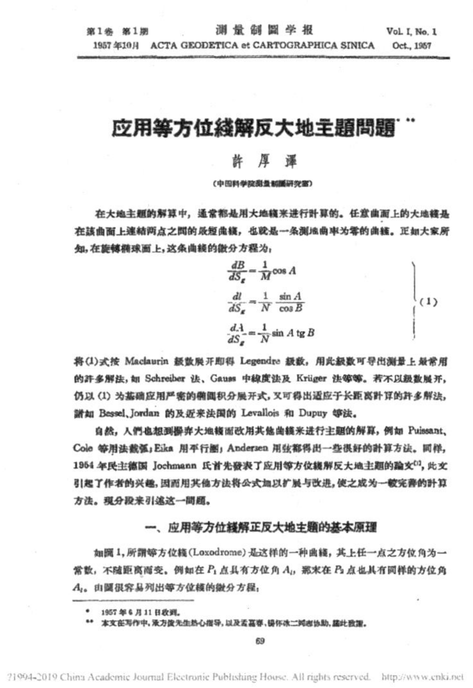

第1卷 第1册 測量制圖学报 Vol. I, No. 1
1957年10月 ACTA GEODETICA et CARTOGRAPHICA SINICA Oct., 1957

应用等方位綫解反大地主題問題* **

許 厚 澤

(中国科学院測量制圖研究室)

在大地主題的解算中，通常都是用大地綫来进行計算的。任意曲面上的大地綫是在該曲面上連結两点之間的最短曲綫，也就是一条測地曲率为零的曲綫。正如大家所知，在旋轉橢球面上，这条曲綫的微分方程为：

$$\left.\begin{aligned}\frac{dB}{dS_g}&=\frac{1}{M}\cos A\\ \frac{dl}{dS_g}&=\frac{1}{N}\frac{\sin A}{\cos B}\\ \frac{dA}{dS_g}&=\frac{1}{N}\sin A\,\mathrm{tg}\,B\end{aligned}\right\}\quad(1)$$

将(1)式按 Maclaurin 級數展开即得 Legendre 級数，用此級数可导出測量上最常用的許多解法，如 Schreiber 法、Gauss 中綫度法及 Krüger 法等等。若不以級数展开，仍以(1)为基础应用严密的橢圓积分展开式，又可得出适应于长距离計算的許多解法，諸如 Bessel、Jordan 的及近来法国的 Levallois 和 Dupuy 等法。

自然，人們也想到摒弃大地綫而改用其他曲綫来进行主題的解算，例如 Puissant、Cole 等用法截弧；Eika 用平行圈；Andersen 用弦都得出一些很好的計算方法。同样，1954 年民主德国 Jochmann 氏首先發表了应用等方位綫解反大地主題的論文[1]，此文引起了作者的兴趣，因而用其他方法将公式加以扩展与改进，使之成为一較完善的計算方法。現分段来引述这一問題。

一、应用等方位綫解正反大地主題的基本原理

如圖1，所謂等方位綫(Loxodrome)是这样的一种曲綫，其上任一点之方位角为一常数，不随距离而变。例如在 P_1 点具有方位角 A_l，那末在 P_2 点也具有同样的方位角 A_l。由圖很容易列出等方位綫的微分方程：

* 1957年6月11日收到。

** 本文在写作中，承方俊先生热心指导，以及孟嘉春、杨怀冰二同志协助，謹此致謝。

69

图3–3 论文《应用等方位线解反大地主题问题》首页

同年，由于近代无线电测距的发展，长距离的大地主题解算问题日益受到关注，但关于应用投影到平面的方法却研究较少。对此，许厚泽提出了应用高斯－克吕格投影③解大地主题的初步设想。由于其提出的公式不仅适用于600—800km，而且对于120km以下的短距离也具有优越性，因此，再次获得了苏联地学界的高度评价。

针对高斯平面直角坐标由一带到另一带的换算问题，许厚泽还尝试用另一种解析的方法来推导出换带的公式，辅助点设在两带的边缘子午线

① 等方位线（Loxodrome），指其上任一点之方位角为一常数，不随距离而变的曲线。

② 见《测量制图学报》1957年第1卷第1期。

③ 高斯－克吕格投影是由德国数学家、物理学家、天文学家高斯于十九世纪二十年代拟定，后经德国大地测量学家克吕格于1912年对投影公式加以补充，故称为高斯－克吕格投影，又名等角横切椭圆柱投影，是地球椭球面和平面间正形投影的一种。

上。这种方法的原理是应用 1937 年赫里斯托夫（Hristow）所创的高斯投影面上的大地坐标计算公式①。自从赫里斯托夫的正形投影面的大地主题公式发表之后，各国学者曾运用此公式推导出许多地图投影的基本公式，许厚泽在《高斯平面直角坐标由一带到另一带的换算问题》②一文中的论述，完全证明了赫里斯托夫的正形投影③面的大地主题公式也适用于换带问题。在他撰写这篇论文的过程中，导师方俊对文章结构提出了非常宝贵的意见，还对若干错误之处作了订正。由于许厚泽这段时期一直集中精力研究高斯投影，因此对导师方俊的相关研究成果也正好系统认真地了解和研习。譬如通过阅读《横轴墨卡托投影和高斯－克吕格投影》④一文，他发现导师是从几何学的角度来分析两者之间存在差异的原因。扎实的数学基础这时又开始发挥作用。他想，是否可以从正形投影的数学来阐述这个原因呢？经过深入细致的思考，他将这一想法撰写成论文《再论横轴墨卡托投影和高斯－克吕格投影》⑤。

在关于各种正形投影坐标的变换问题上，许厚泽另辟蹊径，用投影面上的大地主题来求得此问题的一般解。这种方法具有鲜明性，而且最后的公式可以长度比及其导数表示，也能够论证朔尔斯（Schols）公式⑥在坐标变换问题上的适用性⑦。这一创造性的解算方法在国内外大地测量学界都引起了较好的反响。后来，论文所推导的公式被列入国内教材。对于一个在读研究生而言，这无疑是一份莫大的荣誉，也是对自己科研能力的最好证明。

---

① 赫里斯托夫：Allogemeine Formeln Zur Transformation Zueischen Zwei Gauβ-Krügerschen Streifen Z. f. V.［J］。1941 年，第 283 页。

② 见：《中国科学院地理所测量专刊》1957 年第 5 号。

③ 正形投影是指投影图上任何一点的任何两个方向线之夹角与实地相应的角相等的地图投影方法，也称等角投影或相似投影。

④ 见：《地理学报》1955 年第 21 卷第 1 期。

⑤ 见：《中国科学院地理所测量专刊》1957 年第 5 号。

⑥ 朔尔斯公式是指一条大地线经正形投影至平面上以后，表示平面曲率的一种方法，主要用以求出大地线在投影平面上的方程式、方向和距离改化以及投影平面上的主题公式。

⑦ 许厚泽：《正形投影坐标变换的一般公式》。《测量制图学报》，1958 年第 3 期，第 186-194 页。

地图投影和椭球面大地测量是许厚泽科研探索生涯的第一步，也是他开始独立从事的第一个研究领域。1958 年，他又在《测量制图学报》第四期上发表了《关于正反大地主题解算方法的综合研究》一文，不仅对以往各解算大地正反主题的公式做了概括，还对分类方法、公式的优劣和今后大地主题的研究方向做了具体说明，这篇相对综合性的研究和描述，成为后续研究的重要基础性文献。在分类方法方面，许厚泽还得到了叶雪安教授的指导。回想起独立、大胆、无惧的青年时光，许厚泽也充满自信。

与武汉的缘分之始

二十世纪五六十年代，测量与制图学科在国际上发展迅速，如光电测距及无线电测距已逐渐得到推广应用，电子计算机也被用于解决测量计算中最繁重的平差问题。但是，我国在这方面还比较落后，为使我国测量制图事业尽快赶上新形势的需要，武汉测量制图学院[①]开始了光学测距等领域的研究。

1957 年，国家测绘局在武汉召开了全国测绘科学技术经验交流会，并同时举办了全国测绘科学技术革新展览会。这次经验交流会和展览会是中国测绘界盛况空前的大会，是中国测绘事业发展道路上的里程碑。由于许厚泽在地球投影学和大地主题方法解算研究方面已经初露锋芒，其科研能力得到导师方俊的肯定。为锻炼许厚泽的综合能力并拓宽其研究视野，方俊派他和同学韩天芑参加了此次全国测绘科学技术经验交流会，一同参会的嘉宾还有很多来自苏联的专家。交流会上，许厚泽作了关于地图投影方面的报告。这次参加全国测绘科学技术经验交流会的经历，帮助许厚泽打开了研究视野。

从江汉路到武汉大学路途的艰辛也给初到武汉的许厚泽留下了深刻印象。

---

① 现更名为武汉大学测绘学院。

那个时候武汉最热闹的就是江汉路。从武大去江汉路，要先坐 12 路到中华门码头，然后再坐船过去。那个时候大桥上面还没有交通。后来才开了 1 路无轨电车，能够到三阳路那里。结果我从江汉路转了回来，再从码头上坐 12 路回武汉大学这边，当时从街道口那就开始上那条路，就是武珞路那条路。以前往武汉大学的路上有一个很大的上坡，那条路那个颠呐。我坐在公共汽车的最后一排，能把我颠得头碰到汽车顶。①

从此，许厚泽便与武汉结下了不解之缘，这里成为其学术研究的重要阵地。

学业再遇坎坷

许厚泽的专业兴趣与导师的研究方向十分贴合，各方面的能力又非常突出，年轻的他很快便脱颖而出，方先生对这个开门弟子也是十分地认可。按照既定路线，许厚泽本应在四年的研究生学习后顺利毕业并取得副博士学位，没想到后来这研究生一读就是六年，副博士学位最终还变成了泡影。

副博士研究生培养制度在高等院校推行后，"副博士研究生"的称谓在广大高校师生中引起了一些误会，有的人将"副博士研究生"称为"四年制研究生"。有鉴于此，一些人向中央建议取消"副博士研究生"的称谓。1957 年 3 月 25 日，高等教育部发出通知，取消"副博士研究生"的称谓，统称为研究生，并将培养年限由四年统一改为三年。5 月 17 日，高等教育部再次发出通知，明确规定不再举行副博士论文答辩，不再授予副博士

---

① 许厚泽访谈，2019 年 1 月 4 日，武汉。资料存于采集工程数据库。

图 3-4　许厚泽（三排右九）等在南京欢送中国科学院测量制图研究室第一批同志下乡参加农业生产（1957 年 11 月）

学位[①]。

个体永远无法摆脱大环境的影响，无论身处哪个时代，哪个国度，个人的命运总是与国家息息相关。就在许厚泽考取研究生的第二年，也就是1957 年，全国上下开始反右派斗争，在这场轰轰烈烈的运动中，研究生制度也受到了批判，刚刚建立起来的副博士培养制度终止了。许厚泽他们这第一批研究生，自然而然就处于没人管的状态了。

自反右开始，全国上下"大跃进""四清"等政治运动接踵而来，"兴无灭资，大破大立""搞臭资产阶级个人主义""插红旗，拔白旗"等口号漫天飞。不少人被点名批判，说他们是资产阶级"大白旗"，大批知识分子尊严扫地，处境窘迫。大学期间对许厚泽影响最大的老师高时浏也在这场运动中被打成右派。那个年代的学生也无法安心钻研科学知识，原本应

---

① 李鹏：《中国副博士研究生培养制度的历史考察》，《当代中国史研究》，2013 年第 20 卷，第 3 期，第 36-40 页。

该用来学习的大好时光被各类政治运动裹挟。反右前，各大高校的图书馆、阅览室都是座无虚席，有的甚至一晚上都是灯火通明。反右开始后，图书馆变得异常冷清，偶尔能见到两三个学生俯桌学习，大家都怕被扣上一顶"只专不红"的政治帽子。老师不敢做科研，学生不敢学习，全国进入知识分子的寒冰时代，万马齐喑。

好在危机之中也有幸运，因中科院在学界的地位特殊，对推动国家建设一直起着至为关键的作用，即便在反右最为狂热的时期，中央对中科院还是有一定的特殊关怀。时任中科院党组书记、副院长的张劲夫，冒着极大的风险，专程找到毛主席坦率地表达了自己的看法，请求在反右派斗争中保护科学家。张劲夫提出，我国要向科学进军，赶超国际先进水平，就必须要依靠科学家、科研人员们的长期努力，在当前形势下得保证科学家们能拥有一个相对安定的科研环境。毛主席欣赏张劲夫的胆量，也被他所讲的道理说服，随即指示张劲夫去找小平同志商量。邓小平同志要科学院党组代中央起草个文件。回到科学院，张劲夫便与科学院副秘书长杜润生，共同起草了一份特别的报告。文件的第一条画了一道线，凡是1954年日内瓦会议以后回国的科学家，一律不参加反右派斗争。这一条保护了大批优秀人才，有些著名的科学家，像华罗庚他们这些人，有的可以叫作谈而不斗，或者谈而不批，即领导人跟他们谈谈话，动员他们自己认识有错误的地方，不开批判会，不开斗争会。在当时的文件中，他们创造了很多的新词汇，目的就是将科学人才保护下来。

张劲夫同志的大胆谏言，为我国科学事业的发展换得了一定的空间。在那段困难时期，中国科学院相对而言受到的冲击较小，虽然研究生培养几乎中断，但实践工作仍能有所推进，甚至取得一些突破。按照《一九五六——一九六七年科学技术发展远景规划纲要》的部署，建立我国天文—大地测量网成为当时测量界的一项重要任务。为此，中国科学院决定将地理所的大地测量组分出来，成立中国科学院测量制图研究所，由新成立的武汉分院领导。

研究所定址武汉，所里人员一并西迁。刚到武汉时，条件十分艰苦，对于当年的情形，许厚泽夫妇至今还印象深刻。杨慧杰说：

我永远不会忘掉。1958年2月8号，到了武汉小洪山，一片坟堆荒地。当时，全国的测量系合并成一个测绘学院，方先生想靠着测绘学院近一点，所以就把我们迁到武汉。南京地理所里搞测量的都迁到了武汉，大概有八九十个人吧。到武汉后，发展得很快，单位的职工人数一家伙膨胀到好几百。①

许厚泽说：

像我们男同志，包括有些已经成家的男同志，开头来因为宿舍不够，都住在大草棚里，就是一个草棚，里面铺很多床。我也住了相当长一段时间大草棚。②

此时，"大跃进"运动正如火如荼地进行，许厚泽及所里的同学同事经常被组织去参观亩产万斤的麦田，去小龟山挖废铁，去武钢推广超声波，去钢铁烧结厂里锻炼……浮夸之风甚嚣尘上，科研人员们宝贵的时间被这些荒唐无聊的事情挤占，科学事业本身也难免受到沾染。1958年6月，科学院举行了摩拳擦掌的跃进誓师会，仅仅一个月后，四十三个研究所便向院机关党代会，献上了九百七十二项科研成果，其中有一百零二项宣称，已经达到了世界先进水平③。在这种浮夸之风大行其道的背景下，社会各方面的生产必然受到很大影响。"大跃进"开始后仅一年时间，粮米油盐等一切生活物资的供应都变得格外紧张，我国进入三年困难时期。

外部环境动荡不安的年代里，许厚泽无法正常进行研究生阶段的学习，但是他仍然不放弃钻研，潜精研思的他也深受领导重视，得到许多学习机会。当时，电子计算机在国外已被运用到测量计算，为赶上国际水

① 杨慧杰访谈，2019年1月16日，武汉。资料存于采集工程数据库。
② 许厚泽访谈，2019年1月4日，武汉。存地同上。
③ 见：《三年困难时期中科院为何不批斗科学家右派》。http://phtv.ifeng.com/program/fhdsy/200911/1105_1720_1422261_2.shtml。

平，中国科学院于 1958 年 10 月至 1959 年 6 月举办计算机培训班，许厚泽被领导委派参加计算机学习。经过这半年多的学习，许厚泽的计算机水平得到大幅提高，为其后来在国内第一次尝试用计算机来计算天文重力水准打下了坚实基础。他还参加了由吴传钧研究员[①] 授课的英语学习班。吴传钧研究员曾留学英国利物浦大学，具有较高的英语水平，由他给中国科学院地理研究所的学生讲授英语课，颇受好评。因为许厚泽大学时期学习的外语主要是俄语，大学以后也没有学习过英语，这次参加英语学习班，他不仅重拾了中学阶段的英语知识，而且词汇和口语也得到显著提升。语言难关的攻克对其在改革开放时期与国外交流合作起到重要作用。此外，许厚泽一直对数学非常感兴趣，他还旁听过南京大学数学天文系的有关课程。

许厚泽在回忆起这段学习生涯时，心中满是感恩：

图 3-5　许厚泽（六排左八）在北京参加测绘学会天文大地平差与航空摄影测量学术会议与参会代表合影（1961 年 12 月）

---

① 吴传钧（1918—2009）：别号任之，江苏苏州人。1943 年获中央大学硕士学位，1948 年获英国利物浦大学博士学位，1951 年加入九三学社。中国科学院地理研究所研究员，1991 年当选为中国科学院学部委员（院士）。

在我研究生阶段，领导给了我很多培养的机会。这些对知识的成长很有帮助。我深深感到，研究生教育对锻炼独立从事科学研究的能力，非常有必要，特别是博士生阶段的培养。[①]

---

① 许厚泽访谈，2019年1月4日，武汉。资料存于采集工程数据库。

第四章
在重力测量领域渐入佳境

　　身处各类政治运动频发、物资供应极为短缺的年代，经历了机构重组、单位易地等重要变迁，许厚泽的研究生经历一波三折。他将自己的事业与国家的发展紧密相连，始终秉持初心，即便是在八方风雨、沧海横流的外部环境下，仍然保持着对科研工作的高度热情。从到地理所的第一天起，许厚泽便用优秀科研工作者的标准来要求自己，不因研究生的学生身份而裹足不前，也不因一点成绩而沾沾自喜。研究生初期在等方位线及高斯投影方面的发现，是一个好的开端。随后，他在重力测量方向进一步深入，刻苦钻研这一领域的经典理论——莫氏理论。过硬的专业基础，总是启发着许厚泽以独特的视角实践和应用。许厚泽对莫氏理论加以改进，提出一种更适合我国地貌特征的山区重力测量方法。他将这一设想写进了自己的毕业论文《山区天文重力水准研究》，答辩时，得到周江文等业内大家的满堂称赞。经过六年的学习，许厚泽的研究生学业终于在1962年画上了圆满的句号。毕业后，他与杨慧杰到西安验证双极原模板系统，结果十分理想，其成果最终被国家测绘总局列入《重力内业计算细则》。在西安的这段时光中，许厚泽找到了自己的人生伴侣杨慧杰，事业和生活都渐入佳境。

痴迷莫氏理论

新中国成立初期，国家的主要任务是有计划地发展社会生产力，进行国防建设。测量事业走在了前列。"在建设社会主义，从而走向共产主义的过程中，改造大自然的伟大计划，必将逐一提出，逐一付诸实施。在这种伟大工程的规划和设计中，精确的地图是十分重要的，因而测量工作者的任务就显得更为重要和紧迫。"[①] 二十世纪五十年代，为了给国家经济建设、国防建设和地球科学研究提供地面点的精确几何位置，向国家远程武器发射和航天技术提供测绘保障，测绘界计划建立国家天文大地网。方俊作为中国重力测量方面的权威，于 1957 年至 1958 年负责主持全国天文重力水准网和重力基本网的测量规划工作。天文重力水准是确定地球椭球高程[②]（第三维坐标）的重要措施，所以，在导师方俊的指导下，许厚泽从五十年代末起，也转向椭球面重力测量的研究。正是在研究重力测量的过程中，许厚泽接触到对其科研生涯影响深远的莫洛坚斯基理论。

在二十世纪五十年代以前，如何将地面重力测量结果准确地归算到大地水准面，还是国际大地测量学界的难题。直到 1945 年，苏联科学家莫洛坚斯基提出一种不用任何归算便可以直接利用地面重力测量数据严格地求定地面点到参考椭球面距离的理论，即莫洛坚斯基理论。他避开了理论上无法严格求定大地水准面的难题，直接求定地面点的大地高程。利用这种高程，能够把大地测量的地面观测值准确归算到椭球面上，从而提高了天文大地测量数据归算的准确性，大大减少了误差。莫洛坚斯基理论将地球外部重力场引入大地测量学研究范畴，堪称大地测量学发展的一次飞跃，成为研究地球重力学的经典理论之一，并由此形成了地球重力学的学

---

① 方俊：《三十年来苏联在测量学上的成就》，《测绘通报》，1955 年第 1 期，第 8 页。
② 某点沿铅垂线方向到绝对基准面的距离，称绝对高程，简称高程。

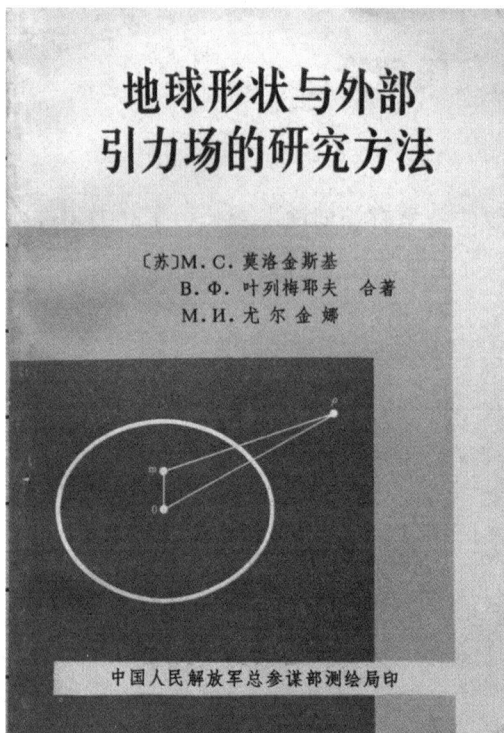

地球形状与外部
引力场的研究方法

〔苏〕M.C.莫洛金斯基
B.Φ.叶列梅耶夫　合著
M.И.尤尔金娜

中国人民解放军总参谋部测绘局印

图4-1 《地球形状与外部引力场的研究方法》书影

科分支[1]。

　　为促进中国地球重力学研究的进步，武汉测绘学院[2]积极邀请莫氏大弟子布洛瓦尔到武汉讲授莫氏理论，为期一年多。这时许厚泽远在南京，由于工作繁忙无法参加，只得依靠自学。虽然失去了聆听莫洛坚斯基弟子讲授莫氏理论的机会，但后来许厚泽在上海出差期间，幸运地买到了莫氏的著作《地球形状和外部重力场的研究方法》。当时他激动不已，还在该书扉页上奋笔写下"一定要把它学到手"这句话，以记录和表达其研究的决心和信心。由于这本著作的言语表达简洁、抽象，初学时，许厚泽对于该书的理论是有很多疑惑的，但他毫不懈气，一遍又一遍地认真研读。几度寒暑，由于翻看次数太多，著作封皮都被磨破了。功夫不负有心人，他终于将莫氏理论揣摩得谙熟，并将其积极应用于重力大地测量理论与算法研究之中。访谈中，许厚泽与我们分享了当年苦读莫氏理论的感受：

　　　　刚开头，你不一定能看懂，那是你最难过的时候。如果那个时候

---

　　① 潘显章：《许厚泽》。见《20世纪中国知名科学家学术成就概览·地学卷·地球物理学分册》。科学出版社，2010年，第321-331页。

　　② 现武汉大学测绘学院。1956年，武汉测量制图学院成立天文大地测量系和工程测量系。1958年，武汉测量制图学院划归国家测绘局管理，并更名为武汉测绘学院。1985年10月，武汉测绘学院更名为武汉测绘科技大学。2000年8月，武汉测绘科技大学与武汉大学合并，成立测绘科学与技术学院。2001年9月，更名为测绘学院。

就放弃，那你恐怕就一直似是而非，半懂不懂的。必须要把里面的几个经典的东西啃会，之后就能够举一反三，融会贯通了。我当时一遍看不懂，有的数学方面公式也推不出来，就得找点其他的数学书补充一下。像我们用到求函数的地方很多，你就要找两本求函数的书再看看，然后再从头看这些书。有的物理上面的概念，不太清楚了，就把物理书再看看。经过多次反复，把一个一个问题弄懂以后，再看一些其他的相应的论文，就容易得多了。[①]

正是由于踏实钻研了莫氏理论，许厚泽才能在后来应用莫氏理论的过程中发现并改进了莫氏理论的缺陷，进而找准了中国地球物理学科关于大地测量学研究的突破点，为其在大地水准面和重力大地测量理论与算法领域取得研究成果奠定了坚实的基础。

将计算机技术引入天文重力水准计算

我国天文大地网是在全国领土范围内，由互相联系的大地测量点构成，大地点的水平位置按国家统一的大地测量规范测定，并设有固定标志，以便长期保存。在大地测量工作中，数据归算是一个重要的工作环节。

为把天文大地网中的基线长度归算到参考椭圆体面上及大地水准面起伏情况的研究，必须利用天文重力水准的方法推算各天文点间的高程异常差[②]，即利用天文大地垂线偏差和重力测量数据，推算相邻两点的大地水准面差距之差。这种计算包括绘制重力异常图、计算天文水准项以及重力改正项等一系列的工作，天文水准项的计算可以通过天文及大地的坐标，依据椭球面大地测量学中的已知公式进行，重力改正项可以通过模板（即数值积分）的方法，把它变为模板节点上的重力异常与节点系数的乘积并

---

① 许厚泽访谈，2019 年 1 月 16 日，武汉。资料存于采集工程数据库。
② 高程异常是指似大地水准面与参考椭球面之间的高差。

累加得到结果。此外，为利用模板计算，必须事先画出异常图，并且需要一条边一条边地进行。因此，计算任务比较繁重。在这样的情况下，许厚泽于研究生阶段在中国科学院计算机培训班进行的学习训练，正好得到应用。为提高工作效率，许厚泽考虑使用计算机进行计算。

许厚泽对利用计算机解算大地水准网有两个基本设想：一是不作任何计算，也不需画异常图，只需要通过输入天文点的天文和大地坐标、重力点的经纬度和异常值等原始数据即可得到最后的结果；二是每次能一并计算出闭合环的成果，避免原始数据的重复[1]。为满足基本设想，他们将计算分成天文水准项的计算和重力改正向的计算，并编成计算机程序。为保证计算结果的准确性，他们以认真严谨的态度对计算机的准确性进行校验，将计算机所得结果与人工计算结果进行比较，发现天文水准项、重力改正项的误差都在允许范围之内，但也存在三四条边人工计算与计算机计算相差较大的情况。经过分析，这主要是因为人工计算存在绘制的异常图比例较小、天文点附近的异常变化不规则、天文点的异常数据等问题，并且人在抄算的过程中也可能出现抄错、重复等问题。显然，利用计算机解算平原天文重力水准相比人工计算而言，有更高的精度和速度。同时，为提高准确性，许厚泽强调利用计算机工作必须仔细校对纳入运算过程的数据。

超水平获得研究生学历

1958 年至 1960 年间，由于"大跃进"的影响，研究生教学活动几乎停止。1960 年 8 月，中央提出对国民经济实行"调整、巩固、充实、提高"的八字方针，1960 年冬，文教工作也开始调整，研究生制度因此得以恢复。1961 年 9 月 15 日，中央批准试行《教育部直属高等学校暂行工作条例（草案）》（简称"高教六十条"），强调"高等学校必须以教学为主，努

---

[1]　因为两条相邻边所需的重力资料很大部分是相同的，所以会造成数据的重复。

力提高教学质量"，并对高校的教学工作、生产劳动、研究生培养、科学研究等做了具体而明确的规范。自"高教六十条"下发以后，许厚泽明显感受到研究生学习变得异常紧张，既需要考核基础理论，又需要撰写毕业论文。

> 我从 1956 年进去，到 1961 年已经是快五年了，1958 年到 1960 年三年基本上也没怎么做研究生的事。所以，1961 年开始学业就很紧张，又要考基础课，又要写论文。[①]

经过一段时间的考虑，许厚泽将毕业论文题目定为《山区天文重力水准》，属于地球重力场方面的研究。所里指派杨慧杰、蒋福珍配合许厚泽完成该项目数据测算部分的任务，三人成一小组，许厚泽为组长，负责方案的制定、小组任务的分配，杨慧杰与蒋福珍负责具体的计算与读图。另有一组同事专门负责野外实验，两组人员共同在鄂西山区建立天文重力水准线。历经三个月的时间，完成实验部分之后，许厚泽返回武汉，开始撰写毕业论文。时处三年困难时期，条件非常艰苦，许厚泽用快用完的笔头蹩脚地一行行书写。但受益于前期的丰富积累以及计算机方面的先进方法，许厚泽的毕业设计最终完成得十分出色。他结合我国山区地形的特点，在莫洛坚斯基的椭圆双曲系统模块的基础上做出改进，将双曲椭圆系统改为完全方块的系统，采用独特的双极系统模块进行山地重力测量，大大提高了山区的重力测量精度。他研究了利用大型快速电子计算机解算平面天文重力水准的问题，并和杨慧杰、赵国汉、方联康等同事将这一想法积极付诸实践，这也是我国在引进计算机技术解算平面天文重力水准的首次尝试。对毕业论文许厚泽说：

> 我这篇论文的第一部分叫作平原天文重力水准的计算。其中我的主要贡献，第一是把计算机用到这个上面来做处理。第二，过去都是

---

① 许厚泽访谈，2019 年 1 月 4 日，武汉。资料存于采集工程数据库。

用所谓模板做计算。模板也是莫洛坚斯基首先提出来的。但是在模板分割方面，他用的是双曲椭圆的系统，我把他改成直角，完全方块的系统，比他那个要方便。第三，因为苏联的地比较平坦，所以他的重力测量做的也不多，模板的分割方面就分得比较稀，有点像数字计算、数字积分的时候，那个网格分得很稀，我就做得比较密。第四，他的中央区域，也就是靠近天文点那个区域，也是画得比较大，所以他的精度就相应受影响，我就把中央区域进一步缩小。把中央区域缩小，采用了直角，我把它叫作双极的原模板系统。这个系统用在山区的天文重力水准的计算当中精度比较高。这是我对前人的一些改进。莫洛坚斯基提出来这一套理论，但是在苏联并没有实践过。我把它在中国的具体应用都写在论文里面了。[①]

许厚泽对模板方面的研究得到了导师方俊的指导，并于 1962 年 5 月参加了毕业论文答辩。作为中科院首届研究生，许厚泽的毕业答辩十分隆重，参评委员都是国内外的知名专家，有方俊、周江文、夏坚白、叶雪安和党委书记五人。许厚泽记得，答辩过程中，评委还问过他关于马克思、列宁主义对科研工作指导作用的问题。

许厚泽的学位论文《山区天文重力水准研究》在理论和实践两方面均有显著的创新和突破，答辩时受到在场专家的一致赞誉，顺利通过并获评优秀。其中，夏坚白是我国著名的大地测量学家、大地天文学奠基人和我国当代测绘事业开拓者；周江文是我国著名的大地测量学家和误差理论专家；叶雪安 1955 年已任一级教授。可以说，许

图 4-2　许厚泽研究生毕业证书

----

①　许厚泽访谈，2019 年 1 月 4 日，武汉。资料存于采集工程数据库。

厚泽的学位论文得到了大地测量学界的权威肯定，展示了他超强的科学研究能力。

六年波折，许厚泽终于完成研究生阶段的学业。入学前，科学院所建立的副博士学位制度早已随大潮瓦解，此时的许厚泽以研究生的身份从中科院毕业。因其在论文答辩中的突出表现，好几位专家认为他已达到副研究员的聘任条件，建议破格提拔。但导师方俊认为，年轻人不必提得太快。毕业后，许厚泽被任命为中国科学院测量与地球物理研究所助理研究员[①]，正式成为学科攻关的带头人。

建立中国鄂西山区高精度天文重力水准实验网

许厚泽认为，"学习的目的在于应用，任何科学理论和著述，都是为了指导科学实践"。[②] 因此，在 1962 年 5 月研究生毕业以后，许厚泽为进一步推广和应用其提出的双极原模板系统，便与蒋福珍、杨慧杰三人一起到国家测绘局第一测绘大队，花费两个多月时间和西安的同志一起，对双极原模板系统进行实验，其成果最终被国家测绘总局列入《重力内业计算细则》。

过去，国际上一直采用较精密的天文水准的方法测定大量的天文点，即用天文大地垂线偏差推算两点间的大地水准面高差或高程异常差的方法。当两天文点相距不远，垂线偏差呈线性变化时，利用两点的天文大地垂线偏差在其方向上分量的平均值乘以两点间的距离，即可求出两点间的大地水准面差距。可是由于地理环境复杂，这种做法在山区难以实施。尽管莫洛坚斯基于 1960 年提出了天文重力水准的方法，这一方法虽然减少了大量的天文测量工作，但由于山区地形复杂，理论的应用仍遇到许多特殊

---

① 《许厚泽干部信息认定表》。中国科学院测量与地球物理研究所，2018 年，第 1 页。

② 《我国交叉学科创新和发展的积极开拓者——记中国科学院院士许厚泽研究员》。《学习实践》，1998 年第 12 期，第 64 页。

困难。为深入探索山区天文重力水准的计算方法，了解山区运用天文水准的可能性和现实性，许厚泽建议在鄂西山区建立一个天文水准和天文重力水准的综合实验场，得到了同事和单位的支持。许厚泽及其团队选取地形上有代表性的山区，考虑到这些山区还必须具有国家天文重力水准线、地形图和相关大地资料，最终在鄂西山区形成东西宽南北窄的闭合环，这一闭合环的南北两线所通过的地区的地形有很大差别，有利于校核不同类型的地形所得的结果。

山区天文重力水准的特点，主要是重力异常的内插和莫洛坚斯基重力加精项的计算问题。对于这些问题，学界已经进行了很多具体的研究并总结出一些经验，但距完全解决生产实践中的问题却还有一段距离。许厚泽及其团队希望通过建立鄂西山区天文水准和天文重力水准的综合实验场来获得一套比较完整的地球上的数据资料，以对上述问题进行探究。他们设计出了一套系统、精确的关于天文点、重力点布设及测定的方案。测定过程中，他们特地用硬纸板做了一个防风斗，这种防风斗除了可以减弱风的影响外，还可以免用玻璃盖。玻璃盖的表面并不是平滑的，两个面的平行程度也不是很理想，从不同方向照进来的星光经过玻璃罩后产生不同的折射，从而会破坏等高条件，降低观测精度。由于山区交通条件落后，为便于加密测量，在实验场内，他们采用逐级控制的方法建立起比较密集的重力控制网。控制网是以国家的四个二等点为基础，控制点的施测方式是在二等点间用四架诺伽重力仪一次附合，或者用两架重力仪三测线传递。

接下来，是要在天文点和重力点观测数据的基础上，对天文水准和天文重力水准成果进行整理分析。他们通过对天文水准的计算分析，得出天文水准敷设于较平坦的地区时，其精度比地形复杂地区高，布设天文水准时应该认真考虑有利的地形条件，条件允许时应尽量使天文水准线路沿开阔地区推进。天文重力水准成果的整理和分析过程相对比较复杂。对于短边天文重力水准环，每条边都可以用三种内插方法计算重力改正项，或者直接利用空间异常，也可以用布格异常进行间接内插，还能够用局部地形改正后的异常进行计算。为了减少山区内插误差的影响，他们采用极坐标系统模板计算，发现莫洛坚斯基改正项数值很大，在地形复杂地区计算的准确度不高，并得出高山地区可利用天文水准推求高程异常，山区天文重力水准必须通过间接内插的方法计算，即现在广泛使用的移去恢复法，不能使用空间异常进行计算。通过对天文水准和天文重力水准的施测工作进行比较，他们认为在山区施测天文水准不论内外业都比施测天文重力水准简单。[1]

许厚泽在毕业论文《山区天文重力水准研究》中提出的双极原模板，在他与中国科学院测量与地球物理研究所同事的共同努力下，得到了推广和应用。由于身体原因他未能参与野外考察，主要负责方案设计和数据处理的工作。这次的试验意义重大，经过密集的天文重力测量，不仅验证了布设一点间距的天文水准网的可行性，为国家测绘总局今后的测绘工作提供了可复制的应用模板。同时，在进行数据处理时，莫氏理论中截断系数的解析表式在较高阶数计算方面的限制也再次引发了许厚泽的思考，在理论与实践的交替启发中，他将莫氏理论一步步改进，一点点优化。

确定地球重力场的方法可以分为模型逼近和计算逼近两类算法，"模型法就是使用合适的观测数据最佳的确定模型；计算逼近就是最佳的利用观测值"。[2]一些解析公式，比如斯托克司积分、泊松积分、莫洛坚斯基理论等均属于模型逼近，最小二乘配置、点质量模型等则属于计算逼近。全球性地球形状的研究，基本问题在于利用全球表面上的重力异常值来计算出地面上各点的高度异常和垂线偏差。随着卫星测地技术的发展，对高度异常及垂线偏差值的精度要求越来越高。对此，一般是综合利用地面重力异常观测和由卫星求得的位系数解决。前者用于待算点周围地区（界圆半径之内）的求值，采用经典的斯托克司积分；后者则用于外围地区（界圆半径之外）的求值，采用级数的形式。

莫洛坚斯基采取对斯托克司函数进行最小平方逼近的方法，以加速外区斯托克司级数的收敛，导出截断系数的解析表式，但不适用于较高阶数

① 许厚泽等:《鄂西山区天文水准和天文重力水准的测量工作》。《测量与地球物理集刊》，科学出版社，1982年。

② 许厚泽、朱灼文、张刚鹏:《多极子的平面近似解法》。《测绘学报》，1987年第4期，第248—254页。

的计算。因此，1963 年，许厚泽根据莫洛坚斯基的原则，将求解截断系数的方法归为解一组线性代数方程，这对于用计算机求解高阶系数非常方便。此外，许厚泽还指出莫洛坚斯基的截断系数在用于推算垂线偏差方面并不是最适宜的方法。因此，许厚泽对维宁·曼乃兹（Vening Meinesz）函数作最小平方逼近，导出了一组用于计算垂线偏差的新阶段系数[①]。这一研究成果后来也由日本学者荻原幸男于 1972 年得到证实。1964 年，许厚泽还进一步研究用于计算远区域环带重力异常对似大地水准面高程以及对垂线偏差的影响的公式，导出了一种关于重力异常的新的系数的递推公式及球函数表达式。

因事业缔结良缘

为了毕业论文和中国鄂西山区高精度天文重力水准实验网的建立，许厚泽两次与所里的同事一起出差西安。在这个过程中，许厚泽找到了相伴一生的伴侣杨慧杰。

杨慧杰是同济大学 1957 级测量专科学生，和许厚泽既是校友又是同事。许厚泽出色的业务能力在所里多有人传。杨慧杰早就对方先生的这个得意弟子有所耳闻，不过二人从前并没有过多的交集，这次一起研究天文重力水准，才慢慢熟悉起来。

西安出差期间，许厚泽与杨慧杰、蒋福珍三人做了大量的读图、计算工作。那时的计算机技术还没得到广泛运用，这些基础性的数据处理和运算几乎全靠人工完成。

回忆起当年在西安，蒋福珍记忆犹新：

> 我们还有一个野外组，负责实验部分的内容，在湖北的西部山区

---

① 许厚泽：《顾及远区域重力异常对垂线偏差影响的计算公式》，《测绘学报》，1963 年第 4 期，第 229—243 页。

建了一个天文重力水准线。得到数据后，许院士、杨慧杰我们三人在西安，就照模板读图、计算。每个方块，做个模板，把模板做得薄薄的，像个面子一样，套到地形图上，就可以读地形图的资料。通过读图，比较，乘上某个系数去推算高层异常、垂线偏差……收集资料、读图、计算，然后得出结果。[1]

那段时期，物质供应短缺，条件比较艰苦，平时吃的菜就只有大白菜、萝卜这些，因为要手动进行大量的计算，工作也十分紧张。关于每个人所负责的任务，三人并没有明确地去划分，许厚泽是组内业务能力最强的一个，也是小组唯一的男士，自然而然地担当起了"领头羊"的角色。他还经常有意识地去活跃气氛，白天的工作结束后，晚上就给杨慧杰、蒋福珍二人唱京剧，讲京剧里的故事。西安的数月时光，工作虽然辛苦，但却十分开心。相处过程中，杨慧杰对许厚泽也有了更为深入和全面的了解。许厚泽对工作的认真、突出的科研能力以及苦中作乐的积极生活态度，都给她留下了十分深刻的印象。杨慧杰对许厚泽的好感越发深入，不知不觉已经超越了普通同事之间的感觉。第二次出差西安时，两人一起去骊山转了转。这算是他们的第一次约会，一段良缘自此开始。同事蒋福珍全程见证了他们的感情：

> 从西安回来之后，他们的关系就很好了。杨慧杰这个人很好，很直爽，对普通同事都很好，对许院士自不用说，更是关心照顾。那时候，许院士经常肚子疼，杨慧杰就给他送热水袋捂肚子。后来两个人一起回家探亲，回来之后就确定了恋爱关系。我呢，就给自作主张，也征求了许院士的意见，把他的工资扣了五块钱下来，买巧克力，一人一块，我们室里头的人，每个人一块，大家都祝贺他们。那天他们探亲回来，杨慧杰穿了一身绿色的呢大衣，头发也烫起来，整个人焕然一新。[2]

---

[1] 蒋福珍访谈，2019 年 8 月 28 日，武汉。资料存于采集工程数据库。
[2] 同[1]。

图 4-3　许厚泽、杨慧杰夫妇合影

经过几年的恋爱，1966 年 1 月，许厚泽和杨慧杰决定，一起去拜访杨慧杰的父母。许厚泽认真、踏实的品性，得到了两位老人的认可，他们愿意将女儿托付于他。1967 年 1 月 12 日，许厚泽与杨慧杰在武汉市领取结婚证。

当时生活条件艰苦，他们二人连一张结婚照都没有。杨慧杰回想起当年结婚时的情形，不禁感慨：

> 我们那时候结婚，就是吃一个年夜饭，就是他姐姐跟他妈妈烧了一个年夜饭。我父亲跟我母亲也不可能来，那时候"文化大革命"高潮时期，不能离开无锡。[①]

一纸婚书，一顿年夜饭，这样的结婚仪式虽然简单，但却坚若磐石。结婚一年后，许厚泽和杨慧杰才租住到中国科学院测量与地球物理研究所团结户的房子，这里共用厕所和厨房，生活条件比较艰苦，但是他们互相扶持，为同事们所称道。二人从同一所学校的同一个专业毕业，之后又在一个单位上班，从大学开始，所学的知识，接触到的人，经历的事，有着很多重叠的部分，本就十分般配，加上他们在生活中又很互补，婚后的日子，平淡却幸福。

杨慧杰很怕油烟，在家几乎不做饭。对此，许厚泽不仅从不抱怨，还主动承担起了买菜、做饭的任务，且为了迁就妻子，几乎都是用焖烧、水

---

① 杨慧杰访谈，2019 年 1 月 16 日，武汉。资料存于采集工程数据库。

煮一类的方法进行烹饪，以至于他们家的厨房玻璃上没有一点油迹，外人看了会误以为两人从没在家开过火。许厚泽是一个多面手，不仅在家买菜、做饭、倒垃圾，甚至还会用缝纫机做衣服。

> 缝纫机很好踩，但是你首先要设计、剪裁。做裤子相对麻烦一点，得一片一片地去剪，然后再拼起来的。那个时候有一种专门的裤样卖，纸头的，拿裤样纸铺在布上，用粉笔画好线，照着裤样剪下来，再拼起来。但是挖扣眼我就不太会。以前的扣子大部分是纽扣，对襟上要开一个扣眼，装好后得锁扣眼，那个活有点难搞。①

许厚泽是一个十分顾家的男人，即便后来当了院士，他也是一如既往地，常常在下班路上买鸡蛋、蔬菜，之后又学会了网购，家里的物资供应基本都由他负责，杨慧杰需要买什么东西，只要跟他交代一声，马上就在手机上下好了单，送货员都认识他了。所里的同事常常听到他给家里打电话，"老太太，我给你买了香梨，送货员会给你送哦！"用同事蒋福珍的话说："他对杨慧杰还是蛮宠的咯。"或许在一般人的眼里，一个院士在事业上已经有了很高的成就，家庭中的事物就应该由妻子多承担一些，对此，杨慧杰有时也会半开玩笑地说："我嫁给他的时候，他还不是院士呀。"多年以来，两个人都是相互扶持，在物资供应困难时期，他们一起养过鸡，还有过半夜一起到武汉水果湖排队买蜂窝煤的经历。杨慧杰很爱干净，把家里收拾得十分整洁，她会提前安排好做卫生的日程，从周一到周日，每天做什么都是有计划的。在家的时候，她总是拿着抹布四处擦擦，直到八十多岁的时候仍然还跪在地板上擦灰尘。同事刘成恕说，"老太太在家里把地搞得太干净了，让人去了以后很有负担。"有时候他都忍不住劝叨几句：

> 我就跟她说了，"老太太，八十多了，你眼睛咋还那么亮呢？那个灰你看不见不就完了吗？只要吃的干净就行了。你眼睛不能老那么

---

① 许厚泽访谈，2019年1月16日，武汉。资料存于采集工程数据库。

亮，自己总有干不动的一天。"①

　　许厚泽的工作十分繁忙，尤其是当了院士以后，需要经常出差，杨慧杰对他的事业更是全力支持。他们的感情可谓是细水长流，平淡中蕴藏着深情，两人相伴五十余年，直到 2020 年 1 月，杨慧杰因病去世。

---

①　刘成恕访谈，2018 年 11 月 3 日，武汉。资料存于采集工程数据库。

第五章
动荡时期的科研

　　早在测量制图研究所时期，由于和原来的测绘总局关系紧张，科研工作阻力很大，时任所长方俊便开始筹划调整研究方向。1961年，中科院武汉分院与广州分院合并，成立中国科学院中南分院。在当时中南分院的建议下，所里决定发展大地测量学的另一方向物理大地测量学，也就是地球重力场方面的研究。秋，测量制图研究所、武汉高空物理研究所、湖北机械研究所三所合并，更名为中国科学院测量与地球物理研究所。测地所在新方向上艰难地重新寻找定位，力图从重力场方面取得突破，所长方俊尝试与钱学森合作，在所里开展涉足国防服务领域的科研。许厚泽作为测地所中重力组的负责人，除了参与天文重力水准网的建立外，还和所里的同事一起构建了我国第一个顾及重力资料的全球重力场模型。

　　不幸的是"文化大革命"开始了，测地所也经历了最为艰难的时期。当时，我国地震频发，我们的地震预测能力却十分薄弱，一时间，地震问题成了很多相关科研机构的研究重点。1970年，测地所被划归国家地震局，全员开始研究地震。许厚泽进行了六年的固体潮汐研究，为地震预测工作服务。

服务国防：全球重力场模型

武汉测量制图研究所成立之初，主要通过与测绘总局、总参测绘局合作开展科研，资源几乎全靠这两家单位提供，行政体系上，制图所又独立于测绘系统之外，归中国科学院领导。在这种复杂的关系下，刚成立没几年，许多合作项目便不得不中途停顿下来。时任中科院副院长、分管地学部的裴丽生[①]十分关心制图所的工作，他与方俊探讨，能否将制图所的研究方向转向国防服务并指示方俊去找力学部的钱学森。当时，苏联的第一颗人造卫星上天不久，捷克的天文学家布萨（Bursa）就从它的轨道运行推算出地球的扁率为 1/283，与苏联根据天文—大地测量所推算出来的相同。方俊由此洞见高空技术与地球形状学之间的密切联系，发现地球重力学方面的研究能很好地为高空技术所用。他与钱学森常常见面探讨，二人基本达成合作意向。不久，钱学森调到国防科委。制图所在中南分院的大力支持下与其他两家机构合并成立了测量与地球物理研究所，转向物理大地测量学，即地球重力场方面的研究。

1962 年，测地所落实《关于自然科学研究机构当前工作的十四条意见（草案）》[②]的指示，部署"定方向、定任务、定人员"的"三定"工作时，专门将国防服务纳入范畴："安排适当力量进行国防建设中关键性问题的研究，以及为农业服务，并为此培养人才。"[③]于是，测地所正式开始与钱学

---

① 裴丽生（1906—2000），男，山西垣曲县人，毕业于清华大学经济系。1956 年 4 月，到中国科学院工作，任秘书长。1960 年任副院长。1977 年任中国科协副主席，主持中国科协的工作。

② 简称"科研十四条"。1961 年 7 月 19 日，中共中央批准试行。重点纠正知识分子政策中"左"的错误，纠正对待知识、对待知识分子的片面认识和简单粗暴的作风，整顿科学技术工作的规章制度，强调研究机构的根本任务是"提供科学成果、培养科研人才"，要认真贯彻"百花齐放、百家争鸣"的方针，保证科学研究工作时间。"科研十四条"被邓小平称作"科学宪法"，调动了科学技术工作者的积极性，对改进科研机构的工作秩序、提高科研水平起了促进作用。

③ 中国科学院测量与地球物理研究所编：《中国科学院测量与地球物理研究所综合年鉴：1957—2004》。北京：科学出版社，2007 年，第 21—22 页。

森方面的合作。许厚泽所在的第一研究室以全面发展地球形状学和地球重力学为主要任务，他本人作为天文重力水准研究组①的主要负责人，带领组员为我国的国防事业出力。

完成天文重力水准网任务以后，适逢全国城乡社会主义教育运动，许厚泽也参与其中。他于 1965 年 9 月去应城县和邯郸县，与群众同吃同住同劳动，半年后，被中国科学院测量与地球物理研究所调回，1966 年 3 月至 7 月，在钱学森、方俊为顾问，王尚荣为组长的"地球引力场研究"专门小组的直接领导下，许厚泽主持重力组承担与国防有关的科研任务。主要有两项，一项是地球重力场对惯性导航系统的影响研究，另一项是全球重力场模型研究。

在大地测量工作中，都是以大地水准面作为依据。大地水准面是指与平均海水面重合并延伸到大陆内部的水准面，由于地球表面起伏不平和地球内部质量分布不匀，故大地水准面是一个略有起伏的不规则曲面。大地水准面是大地测量的基准之一。一方面，确定大地水准面是国家基础测绘中的一项重要工程；另一方面，它将几何大地测量与物理大地测量结合起来，既能够实现空间几何位置的确定，还可以获得海拔高度和地球引力场关系等的重要信息。在研究大地水准面的过程中，许厚泽逐渐转入地球重力场等地球物理学研究领域。

虽说许厚泽从研究生阶段起就已开始重力测量方面的研究，早期的成果与当前所做的这个项目有着一定的关联性，但项目的开展却并不一帆风顺。自伽利略于十六世纪末第一次进行重力测量以来，直到 1970 年，重力场模型的研究成果主要集中在美国，资料保密，尤其是对中国。这给许厚泽的研究工作带来了很大的困难，几乎没有官方资料、直接数据。许厚泽就想办法和组里的同志们一起查，长时间泡在图书馆里翻阅外文杂志，武汉的、北京的、上海的大图书馆被他们翻了个遍。功夫不负有心人，后来竟被大家找出了一百三四十本有用的。找出资料后就对其中有用的内容进行摘录，有的是国外学者做出来的重力图，有的是测出来的

---

① 第一研究室的五大研究任务为地球形状研究、天文重力水准的研究、海洋重力仪测量方法的研究、人造地球卫星摄影观测装置的研究、固体潮研究。

重力点值。许厚泽用这些零散的信息去反推并验证手里的数据，推导出一些公式去表达垂线偏差对惯性导航的影响，就这样一步一步艰难地前进着。

关于模型计算的问题，许厚泽提出两种可行的方法：一是最小二乘的方法，一是全球积分的方法。由于重力资料缺乏完整性，全世界分布不均匀，所以在国内首先使用最小二乘法计算 14 阶的 IGG71 重力场模型。在重力场模型中，阶数越高的越精确，当时世界上已经存在 25 阶、36 阶的模型，许厚泽及其团队最终于 1971 年建立最高阶数为 14 阶的 IGG71 重力场模型，这也是我国第一个顾及重力资料的重力场模型。该模型结束较小，精度不高，但此次研究实现了我国重力场模型从无到有的突破，并首次加入了中国的重力资料，意义重大。许厚泽及其团队为此付出了卓绝的努力。在此期间，许厚泽还撰写了一篇论文，出于保密需要，无法公开发表，项目完成后，所有研究成果，包括研究过程中所搜集的资料都移交给了当时的麒麟一所[①]。

提到曾经的工作，许厚泽的言语里仍然充满了自豪：

> 水上导航，现在我们基本上都是用卫星来测。过去是从地面测量，其中有一种手段就叫作惯性导航系统，利用陀螺进行的。……我从 1966 年到 1970 年，就是搞这个任务，包括垂线偏差、重力场的平均、重力场模型。
>
> 我推导了一些公式，得到的结论就是垂线偏差对惯导位置误差的影响。[②]
>
> 因为我们资料非常不连续，全世界分布不均匀，有的地方没有资料，所以我们使用最小二乘来算那个 14 阶的模型。当时在国内还是第一次做。[③]

---

① 国防科技集团的前身。
② 许厚泽访谈，2019 年 12 月 13 日，武汉。资料存于采集工程数据库。
③ 许厚泽访谈，2019 年 1 月 16 日，武汉。存地同上。

历经震荡：事业与生活的双重挑战

1966 年 3 月 8 日，邢台发生 6.8 级的大地震，几天后再次发生 7.2 级地震。中央对此十分关心，周恩来总理亲自乘坐直升机前往慰问。事后，总理指示：我国一定要有自己的地震预报系统。从此，我国地震预报事业受到空前的重视。接着，1968 年 1 月的邢台，1969 年 7 月的渤海，1971 年的云南思茅地区也相继发生了地震。

此时正经历"文化大革命"。测地所于 1970 年更名为武汉地震大队，以地震作为研究重心，由于地震监测工作的需要，又整体编制转入地震系统。对于这个决定，所长方俊内心是十分反对的，他感到痛心疾首却又无能为力，自己在"文化大革命"期间成了被批斗的对象，无力抗争，只能听天由命，眼睁睁看着单位被转并。他在晚年的自述中提到，除了少数的几个人之外，对于地震都是一无所知。把这些外行聚在一起，只有误事，并且也将他们的研究打乱了。

就是在这样的背景下，许厚泽与同事们坚持完成了与国防部门合作的重力场研究项目，向七机部一院一部提供了全球重力场 1°×1° 平均重力异常值、全球重力异常图、14 阶球函数系数以及有关重力场常数。并提供了关于重力场研究的初步报告和全球重力场的球函数展开系数。[①] 后来，由于测地所被正式并入地震系统，这些国防项目完成后，许厚泽需尽快着手科研方向的调整。

家庭里，女儿也刚出生不久，此时的他，面临着事业与生活的双重挑战。许厚泽与夫人杨慧杰还住在单位"团结户"的房子里。1971 年底，女儿出生。许厚泽夫妇既要工作又要带孩子，白天就把女儿放在托儿所里。当时的物资供应十分紧张，粮食、鸡蛋等物资都得限量。到了冬天，还要半夜排队买蜂窝煤。限供的鸡蛋，有小孩的家里根本不够吃，为此，

---

① 中国科学院测量与地球物理研究所编：《中国科学院测量与地球物理研究所综合年鉴：1957—2004》。北京：科学出版社，2007 年，第 28-29 页。

许厚泽和杨慧杰还在团结户里养过鸡。夫妇俩回忆起当年的时光，这些细节都还历历在目：

> 我女儿小时候吃的鸡蛋，都是我们自己养的鸡生的。当时住的房子，每一层楼梯的拐角处都有一小块平地，我们每家就在那里置一个鸡笼，养鸡收蛋。鸡是一种非常有灵性的动物。那个时候粮食紧张，不可能拿来喂鸡，大家白天把鸡笼打开，鸡就自己啪啪啪下楼，到外面去找吃的。到了晚上，或者要生蛋的时候，它就又自己回到鸡窝，也不会认错。你说乖不乖？那时常有农村里的人，挑个担子卖小鸡，我们就买一窝回来养。堂姐的小女儿，在监利县插队，过年的时候，她也给我从农村里买一只小母鸡，带回来养一阵它就生蛋了。①

> 女儿完全是我们俩带大的。单位里的小孩多了以后，搞了一个托儿所，其实就是请一些职工家里没有工作的老太太，帮着照看孩子。他们怕小孩走路摔跤，把头或者什么磕到了，家长会有意见，所以就用木头做了很多笼子结构的东西，小孩就在那里面活动。下面放一个痰盂，叫小孩坐在痰盂上，再拿根带子捆住，方便小便。我女儿小的时候就是这样过来的。饭是托儿所统一做的，但是菜需要每一家自己做了送去。那个时候都蒸鸡蛋，也方便托儿所喂。他们喂饭，都是一根调羹从头喂到尾。所以我女儿那个时候，经常感冒咳嗽。托儿所里只要有一个小孩生了病，其他的就马上被传染了。

> 那个时候没有煤气，烧火都是靠蜂窝煤，蜂窝煤到冬天就很难买到，需要半夜去排队，还要自己拖个板车去运。取煤的人盯着它咔嗒嗒做出一个来，就拿了放到板车上，所以它根本不需要堆在什么地方，做出多少就马上拖走多少。煤场在现在的水果湖，我们要从小洪山拖个板车自己到那儿去拉回来。②

---

① 许厚泽访谈，2019 年 4 月 19 日，武汉。资料存于采集工程数据库。
② 杨慧杰访谈，2019 年 1 月 16 日，武汉。存地同上。

祸福相依：迈入固体地球潮汐研究领域

自 1972 年起，许厚泽开始了六年多的地震研究工作，这对他来说，是一次重大的学科转向，为他进入固体潮研究领域提供了契机。

地震学是地球物理学的核心，涉及大量的地球科学基础知识，而当时许厚泽对这些还比较陌生。许厚泽抓紧琐碎的时间，一方面学习有关地震学及位错理论的有关知识，另一方面以前瞻性、创新性的思维利用地震观测仪器分析重力变化与地震的关系，寻求大地测量学与地震监测相关的切入点。因而固体地球潮汐研究进入了许厚泽的视野。

固体潮是一种由日、月和其他天体对地球的引力作用所导致的地球的周期性形变现象，日、月等天体对地球表面点的引力位与对地心的引力位之差称为引潮位。1972 年，许厚泽根据杜德森引潮位展开法[1]，制定了一组适合点算及满足一定精度的公式。之后几年，这一公式已经在实际工作中用于为精密的流动重力测量和重力固体潮站进行潮汐改正[2]。由于当时中国还不能生产重力观测仪器，只得从加拿大进口一台 CG-2 重力仪，但这还不是专门观测固体潮的，只不过是野外测量用的目视观测仪器。为此，1975 年时，许厚泽和李瑞浩等同事一起把这台重力仪改装成具有自动照相功能的重力仪，并用这个改装好的重力仪观测固体潮，当然仍存在精度较差的问题。

1975 年至 1976 年，许厚泽两次被借调至国家地震局分析预报组，在地震学家梅世蓉[3]的指导下从事利用重力手段监测地震工作。许厚泽利用

---

① A. T. Doodson: The harmonic development of the tide generating potential。*Proceeding of Royal Society of London*，Series A，1921 年，第 305—329 页。

② 许厚泽、毛慧琴：《地球潮汐理论值重力分量的计算》。见《天文地球动力学文集》（1978 年）。中国科学院上海天文台，1979 年。

③ 梅世蓉（1928—2013）：1952 年毕业于重庆大学物理系。1960 年 9 月毕业于苏联科学院大地物理研究所，获苏联副博士学位。1970 年 9 月调入中央地震工作领导小组办公室，从事地震分析预报工作。1971 年 8 月担任国家地震局新疆地震预报研究队（地震预报实验场）副队长。1974 年 9 月担任国家地震局分析预报中心副主任。1978 年任分析室主任。1980 年 1 月被任命为国家地震局分析预报中心主任，1988 年起任名誉主任。

同梅世蓉、马宗晋[①]一道工作的机会，学习到了大量的地震学、地质学和地球物理学知识。这些旁支学科的知识为他以后着力大地测量学、地球物理学与天文学的交叉渗透研究奠定了坚实的基础。特别是唐山大地震后，在北京工作将近一年的这段时间，他接触了大量实际的观测资料，并参与了有关震前的分析讨论。由于在地震的重力、倾斜、应变等前兆监测资料中，就日、月引力对固体地球潮汐的影响明显，因此要分析地球内部应力积累导致的异常现象，就必须考虑天体力产生的固体潮汐效应[②]。为消除地震前兆观测中的潮汐影响，他开始了固体潮及负荷形变研究。固体地球潮汐是由于日、月和近地行星对地球的引力变化所导致的地球内部与表面的周期性形变，是联系天文学、大地测量学和地球物理学的重要交叉学科。伴随着地球的周期性变形，地球表面的重力、倾斜、应变和经纬度等观测量将出现相应的周期性微小潮汐变化，这些变化可以通过重力仪、应变仪、天文和高精度大地测量仪进行观测。

自 1958 年国际地球物理年以来，国际上开展大规模的固体潮观测工作，欧洲、北美、中亚和日本等已做了大量的工作。从工作结果看，潮汐因子和相位滞后仍有相当的离散。固体潮研究中，可以通过这两个参数的变化情况探讨地球内部的一些物理和力学的性质。潮汐因子是实测振幅与理论振幅之比，反映地壳变形的弹性特征；相位滞后是实测初相与理论初相之差，反映地球内部物质的黏滞性。有些学者认为潮汐因子和相位滞后离散现象与地壳构造有关，而比利时皇家天文台梅尔基奥尔教授指出，这种现象与组成地壳的各板块界限有关。因此，许厚泽对研究我国南北地震带上潮汐因子的变化规律产生了兴趣。

1978 年，他和同事一起采用先前改装的带有自动照相记录的 CG-2 型

---

① 马宗晋（1933—　）：1955 年从北京地质学院普查系毕业后留校任教。1961 年从中国科学院地质研究所研究生毕业后留所工作。1967 年调到国家科委地球物理局工作，担任京津地震办公室分析预报组组长。1968 年担任中央地震工作领导小组下设地震办公室分析预报组组长。1970 年担任国家地震局分析预报中心副主任。1978 年加入中国共产党。1988 年调任国家地震局地质所，担任所长。1991 年当选为中国科学院院士。主要从事地质构造、地震预报、地球动力学研究。

② 潘显章：《许厚泽》。见《20 世纪中国知名科学家学术成就概览·地学卷·地球物理学分册》。科学出版社，2010 年，第 323 页。

石英弹簧重力仪 No.317，在我国南北地震带上的银川、天水、成都和昆明四个站点开展了六十天的固体潮观测工作，加上 1959 年的兰州点，组成了一条南北向的重力剖面。抱着科学、严谨的态度，在观测工作中，他们需要一一排除温度、气压和电磁等的干扰。仪器在观测前后，也都曾在湖北省木兰山重力基线场严格检定其常数。其中，在银川五十天的观测中，仪器的格值变化 0.06，它所引起的最大误差可达 30μgal 左右，这一误差引起许厚泽的高度重视。之后，他们便定期测定格值，至少每隔半月测定一次。此外，在观测过程中，还会遇到非零点记录问题、归零调整等问题，许厚泽都会带领大家一一解决。

是年，许厚泽在国内首先发展了一种简便的重力潮汐理论值算法并做了推广使用。所谓重力的潮汐理论值，就是指由于引潮力的作用在地球表面上任意一点重力值的变化。引潮力是月球和太阳对地球上单位质量的物体的引力，以及地球绕地月公共质心旋转时所产生的惯性离心力，这两种力组成的合力，是引起潮汐的原动力。在引潮力的作用下，地面上每一点的重力值将发生周期性的变化，这种变化的规律与太阳、月亮和地球三个天体的运动有关。如果把地球视为一个刚体，外表面为海水所覆盖，则由于引潮力的作用，在地球表面上任一点重力值的变化可以从太阳和月亮的星历表精确算出。许厚泽从提高计算精度的角度出发，对 1972 年依据杜德森引潮位制定的一组适合点算及满足一定精度的公式进行算法改进，以满足当前高精度的测量要求。[1]

1966 年至 1978 年，从三十二岁到四十四岁，对于许厚泽来说，这是他人生路程中非常关键的一段。此间，他组建了自己的家庭，与夫人杨慧杰养育了一儿一女。作为一名科研人员，三四十的年岁更是积蓄能量的黄金时间。从科学院到地震局，从重力场到固体潮，无论是服务于国防还是助力地震研究，每一次在大潮推动下的被动变迁里，他也总能很快调整方向，重新找到自己的定位，在新的领域有所建树。

---

① 许厚泽、毛慧琴：《地球潮汐理论值重力分量的计算》。见《天文地球动力学文集》（1978 年）。中国科学院上海天文台，1979 年。

第六章
声名鹊起

    1978 年，在方俊等人的不懈努力下，测地所得以恢复，重新回到了天文测量学、大地测量学及重力学方面的研究，同时继续开展固体潮方面的探索。在国家改革开放政策的引导下，国际交流与合作也逐渐多了起来。比利时皇家天文台台长梅尔基奥尔多次到访中国，在他的促动下，我国加入了国际大地测量和地球物理联合会（IUGG），测地所也与比利时皇家天文台展开了良好的合作。

    1979 年底，许厚泽参加在澳大利亚堪培拉举行的第十七届国际大地测量和地球物理联合会大会。他将有关计算垂线偏差的研究融合于学术报告《斯托克司函数逼近及截断误差估计》，并在大会上分享。这场报告得到了国际大地测量学界很高的评价，许厚泽也因此声名鹊起。1980 年，比利时鲁汶大学聘请许厚泽作为该校理学院物理系天文与地球物理专业客座副教授。1982 年，德国格鲁腾（E. Groten）教授推荐许厚泽申请洪堡基金成为洪堡学者，但为了中国科学院测量与地球物理研究所的发展，他在方俊的托付下选择留在国内承担更多的科研工作。

大形势向好，测地所得以恢复

1976 年，"文化大革命"结束。同年，唐山大地震，北京震感强烈，但一两天内，整个地震局竟无一人能说出地震震中的具体位置。后来，空军派了飞机去拍照，才知道震区在唐山。其实，从人类当前对地球内部机构，特别是对地震形成机制的认识水平来看，"地震预报"在短期内都是不可能实现的。此次的唐山地震，引起了中央高层对这个问题的重新思考。次年，科学院召开了地学部会议，这是地震局成立后地学部召开的第一次会议。方俊看到了恢复测地所的希望，此后，他为此做了大量的工作。

1978 年，方俊先生参加全国科学大会期间，写信给邓小平同志，陈述了恢复测地所的理由。4 月 25 日，得到邓小平同志的批示。[①] 几经斡旋，地震局同意划出一部分人员，跟随方俊，恢复测地所，名单由地震局决定。研究固体潮的六年，许厚泽做出了很多成绩，地震局看到了他的科研潜力，所以并未将许厚泽列入测地所的人员名单。毕竟没有哪个科研机构愿意将自己手里的人才拱手让予其他单位。为此，方俊专门找到上级领导，批了条子，才又将许厚泽调回。

6 月，在各级领导的关心和方俊等的努力下，中科院测量与地球物理研究所，于武汉东湖之滨正式复所。

复所后的第一件大事就是重新确定研究方向，所里首先考虑要恢复一些此前被耽误的理论研究工作。许厚泽也一边继续研究固体潮，一边重拾大地测量及地球重力场方面的研究工作。

---

① 中国科学院测量与地球物理研究所编：《中国科学院测量与地球物理研究所综合年鉴：1957—2004》。北京：科学出版社，2007 年，第 3 页。

与比利时皇家天文台的交流合作

在党的十一届三中全会改革开放的倡导下，中国向世界打开了科学研究的大门。1978 年，比利时皇家天文台希望能与中国科学院测量与地球物理研究所、中国国家地震局地震研究所开展固体潮研究的国际合作。为此，比利时皇家天文台台长梅尔基奥尔专程访问我国。科学院将方俊叫到北京参与接待。梅尔基奥尔还兼任国际大地测量和地球物理联合委员会（IUGG）秘书长。此次访问，主要是来了解中国是否有意向加入 IUGG。但他也坦言，只是先了解意向，目前协会里反对此事的人还很多，无法保证一定能使中国成功入会。借着陪梅尔基奥尔游览的机会，方俊沿途将我国的大地测量工作和科学研究做了介绍。在短短的二十年间，从无到有，在全国密布了天文—大地测量网，用航测方法绘制了精密地图，并在全国密布了重力测量网，进度之速是世上无双的。梅尔基奥尔教授回去不久便在 IUGG 的一次会议上，通过了邀请中国加入协会之事[1]。

为考察中、比固体潮观测与研究项目国际合作的可行性，1978 年底，方俊作为团长率领四位代表访问了比利时皇家天文台，讨论固体潮合作计划，许厚泽是团员之一。这是许厚泽第一次出国访问，也是他第一次乘坐飞机，因此，他对这次出国访问的印象尤其深刻。此行让许厚泽深深感受到国内与国外在经济方面的差距，的确在"思想上受到很大震动，看到什么东西都很新鲜"[2]。此次访问还为中国引进了几种国际高精度的重力潮汐观测仪器，比如拉科斯特重力仪、超导重力仪和绝对重力仪等，打破了国内缺少精准的重力潮汐观测仪器的困境。

由于固体潮是研究地球表面受日、月引力，海洋潮汐等外部影响所产生的潮汐形变的一门科学，它的发展不仅可以推动对地球内部的介质

---

① 方俊：《从练习生到院士——方俊自述》。湖南教育出版社，2012 年，第 318–319 页。

② 许厚泽访谈，2018 年 11 月 16 日，武汉。资料存于采集工程数据库。

的弹性状态、地震的发生、岩浆的迁移等地球内部物理的研究，而且对高精度的空间目标的准确测距和宇宙航行科技的发展都有重要的应用价值。为此，这次访问比利时引进的先进仪器设备及理论和工作方法，对开展中比固体潮观测合作研究发挥了十分重要的作用。

通过 1978 年中国代表团与比利时皇家天文台的交流沟通，双方的合作意向更加坚定。1979 年9 月，中国科学院测量与地球物理研究所、中国国家地震局地震研究所和比利时皇家天文台开始合作，在中国设立一个固体潮观测台网。设立的台站分布在乌鲁木齐、兰州、北京、沈阳、青岛、

图 6-1 许厚泽（左一）随方俊（左三）访问比利时皇家天文台（1978 年）

上海、武汉、昆明、广州等城市，加上比利时皇家天文台于 1974 年建立的香港台，一共十个。中比合作期间，使用由比利时皇家天文台提供的三台地球动力学型重力仪（GEOD）和一台拉科斯特重力仪（LCR），中国国家地震局地震研究所架设的两台阿斯卡尼亚 GS15 型重力仪（ASK）进行六至十二个月的观测。

1979 年 10 月，比利时梅尔基奥尔教授率领学生杜卡莫（B. Ducarme）等比方代表人员来访，在武汉、兰州、乌鲁木齐等地安装了先进的北美型以及拉柯斯特型重力仪开展重力潮汐观测，同时在武汉进行讲学，交流固体潮观测研究的理论与方法。当时，虽然中国科学院为比方已经准备了一名翻译人员，但他只能胜任生活翻译，对专业术语不太了解。方俊便安排许厚泽担任梅尔基奥尔的专业翻译员。接到任务时许厚泽很是紧张。为尽

可能给中国科学院测量与地球物理研究所和国家争光，他找来了一部录音机，每天晚上关灯静听两个小时的灵格风磁带，就这样坚持学习英语两个月左右。许厚泽出色地完成了专业翻译任务，其优异的表现还轰动了小洪山。"被提拔为副研究员的许老又让大家见识了他的狠劲、认真劲。"[1] 许厚泽在回忆当年英勇的"救场"事件时，脸上露出"得意"的笑容："科学院这一块当年都在小洪山，就在这里，为此本人声名大振。"后来许厚泽又跟随梅尔基奥尔到乌鲁木齐帮他做专业翻译。

能够在一两个月的时间内大幅度提高专业英语水平的许厚泽，或许在语言方面还真是具有天赋的。作为祖籍歙县的徽州人，许厚泽当然说得一口地道的徽州话；在同济大学求学期间，由于有德语课程，还学会说德语和上海话，平时和杨慧杰夫人都用上海话交流；由于与苏联合作固体潮研究，也学会了俄语，早在1957年，许厚泽就曾和王广运一起翻译苏联巴格拉图尼的《卡·弗·高斯 大地测量研究简述》，并独立翻译巴格拉图尼的《解算长距离大地正反问题的指南和用表》，又于1959年独立翻译苏联赫里斯托夫博士的《克拉索夫斯基椭圆体上的高斯和地理坐标》等著作。在武汉待了这么久，也会说武汉话。他的语言天赋让同事刘成恕印象深刻：

> 我印象最深的是九十年代初，我在成都地院时，发表了一篇硕士论文的小文章，发完之后被俄罗斯的一个文献拟了个摘要。他正好在我办公室看到这个摘要，俄文的，我是不认识的，他竟然说，哪里哪里还要改一改。去俄罗斯的时候，我看他偶尔看碑文什么的，也咕噜咕噜地念出来了。真不得不佩服他。[2]

---

[1] 胡铁树、张书成：《心中装着地球的人》。见《科学家的故事——湖北院士风采》，2013年，第29页。

[2] 刘成恕访谈，2018年11月3日，武汉。资料存于采集工程数据库。

受聘为比利时鲁汶大学客座副教授

研究生期间，许厚泽对莫氏理论研究苦下功夫，使其能够对大地测量学基础理论融会贯通，进而在大地测量理论与算法方面提出创新性的见解。复所之后，许厚泽继续深入研究斯托克司积分，推导出一组用于计算垂线偏差的新阶段系数，并在此基础上又做了大量的研究和改进。在这几年对重力异常和垂线偏差的研究基础上，许厚泽发现对于取级数有限项所产生的截断误差的讨论还比较少，主要有莫洛坚斯基 1960 年就极限误差作的估算，日本学者我如古康弘 1977 年给出的经验统计公式等。许厚泽则对高度异常及垂线偏差的截断误差进行了估计，导出高阶截断系数的近似表达式。许厚泽认为，这些截断系数是振幅逐渐衰减的正弦函数，而且其振幅与斯托克司函数在界圆处的值密切相关，采用莫洛坚斯基的最小平方逼近方法，可以使截断误差的数量级大大降低，值得在实际中应用。为进一步加速截断系数的收敛，许厚泽提出在最小平方逼近的基础上，采用于界圆处附加外界条件的所谓带约束的最佳平方逼近或利用样条函数逼近。[1]

1979 年底，许厚泽参加在澳大利亚堪培拉举行的第十七届国际大地测量与地球物理联合会大会，这是中国在恢复该会会员资格后，首次组团在国际学坛上亮相。在该次大型国际学术会议上，许厚泽作了关于《斯托克司函数逼近及截断误差估计》的学术报告，将关于高度异常及垂线偏差的截断误差研究成果分享给全世界，得到了国际大地测量学界很高的评价。

> 国际著名地球物理学家莫里兹、切林、桑索、格鲁腾……也走上讲台，激情地拥抱这位中国的优秀学人。堪培拉会堂处处都能听到一

---

[1] 许厚泽、朱灼文：《斯托克司函数逼近及截断误差估计》，《地球物理学报》，1981 年第 1 期，第 26-39 页。

个声音："非常出色，中国的工作！"①

比利时皇家天文台梅尔基奥尔对许厚泽颇为赏识。因此，1980 年，经梅尔基奥尔推荐，比利时鲁汶大学聘请许厚泽作为该校理学院物理系天文与地球物理专业客座副教授，讲授选修课"地球形状及外部重力场"，原定授课时间为 1980 年 9 月至 1981 年 2 月，授课的题目刊登在《鲁汶大学1980 至 1981 学年年鉴》。

这门课规定的对象是研究生，该专业每学期都邀请一两名外国学者，每周讲课一次，每次两个半小时，为期半年。因国内事务繁忙，许厚泽于1980 年 10 月下旬才到达布鲁塞尔，一共在那边待了三个多月的时间。这一次去比利时，除了讲学之外，许厚泽还顺利完成了仪器验收、参观学习等任务。回国后，他曾写过详细的工作汇报。

我在 1980 年 10 月 21 日离开首都北京，至 1981 年 2 月 1 日离开布鲁塞尔取道法兰克福，计约三个半月。这期间，绝大部分时间在布鲁塞尔，每天在比利时皇家天文台上下班。在我驻比利时使馆文化处及我院外事局王处的领导与关怀下，基本上完成了这次讲学及附带的仪器验收、参观学习等任务，现统一汇报如下。

1. 1980 年年底之前，我主要精力放在讲课上面，共在鲁汶大学作了七讲专业报告，其中第四讲由于内容较一般，我临时取消了，一般每讲 2.5 小时，听课的人有十三人，其中：比皇家天文台六人（包括梅尔基奥尔教授）、比地球研究所一人，比纳缪尔大学天文助教一人，比气象研究所一人，比鲁汶大学及军事学院教授一人，鲁汶毕业生现任中学教师正准备博士论文的一人，鲁汶四年级学生两人。此外，鲁汶哥立特教授，地理所范登海斯维根工程师及四年级学生一两人也来听过几次。我讲课使用投影器，这样既免于写公式又有助于语言，讲课时有时下面会立即提问，这是国外一般的方式，不过总的看来，比

---

① 潘显章：《他在大地测量学前沿驰骋——记中国科学院院士许厚泽》。见《测绘院士风采》。测绘出版社，2000 年，第 135 页。

国对这门学科研究的不多，所以较新鲜，没提什么难的问题。课后反映概念讲得还清楚，个别应届大学生觉得听不太懂。

此外，12月10日下午在鲁汶作了一次所谓"正式报告"，报告要求是附整个学科国内外研究概况工作一般性介绍，由于在国内事先不知道，所以是临时在比利时准备的。中午鲁汶教务长瓦铁汉教授及物理天文贝尔许教授特地请我吃饭。报告前，校长的科

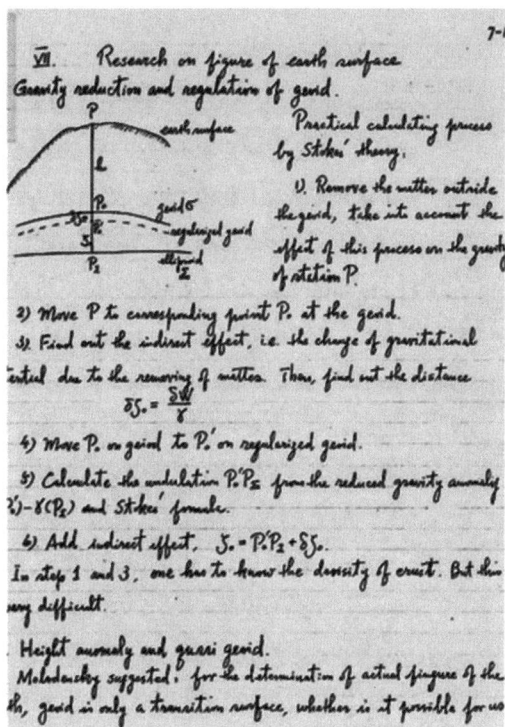

图6-2　许厚泽赴比讲学所使用的教学幻灯片

学助理也接见了我，并听取报告。听的人四十人左右，由于规模较大，所以我这次报告没敢太多地离开讲稿，但基本上是成功的。较通俗地介绍了地球重力学的研究，这个报告事后天文与地球物理专业主任贝尔许要求我发表在鲁汶的专刊上，我同意回国修改后寄给他。鲁汶的校刊专派人来照了相，准备在校刊上发表，这也体现了对中国和中国人民的友谊。报告后，还和比方的一些学者进行了交谈和联系。

2. 仪器验收工作。我院委托比利时吉亚公司同转手向美国订购的拉科斯特G型重力仪两套按合同在11月21日出比。皇家天文台杜卡姆博士协助我一起对仪器进行了验收，发现有一台电流设备不够好，备用的灯泡及保险丝等附上，经交涉以后做了调换。在比先后进行了仪器读数线调整，水泡最小倾斜灵敏度检查，在比利时重力基线网（天文台—鲁汶—纳缪尔市）作了仪器野外测量，随后在天文台

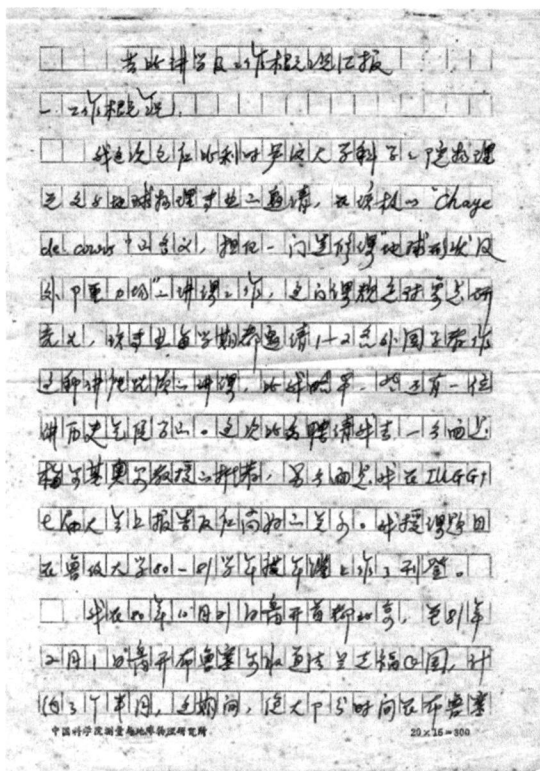

图 6-3　许厚泽赴比讲学工作概况汇报

的固体潮汐基本台上作了两个月的对比观测，利用该台的重力潮汐因子及相位迟后校定出仪器的流变学模型，整个仪器的维护工作由我负责，特别是例假（每周六、日）及节日（圣诞节及元旦），由于台上无人，所以我周六都去那里作观测及检查，资料的处理工作是杜卡姆负责的，最后结果表明，仪器是正常的，但两台仪器的相位延迟常数都较大，对固体潮观测不太有利，所以需要对仪器的读数线重加调整，为此我也学习了调整方法并对五百八十九台仪器作了实践。这两套仪器由我随身带回所里。作为配套使用，皇家天文台送给我方两块基座底板及两个滤波盒。在比观测的全部原始资料由我带回。[①]

通过这次到鲁汶大学讲课的实践，许厚泽一方面增强了国际学术交流的能力，另一方面得到梅尔基奥尔的指导，更深入系统地学习了固体潮的理论和观测技术，在业务方面也熟悉了拉科斯特重力仪的操作使用。之后，许厚泽又与德国的延奇（G. Jentzsch），英国的贝克尔（T. Baker）以及德国的格鲁腾（E. Groten）等教授在重力观测与理论研究方面开展合作研究，为中国科学院测量与地球物理研究所与比利时、德国等建立长期合

①　许厚泽：《去比讲学及工作概况汇报》。手稿，1981 年 2 月，武汉。资料存于采集工程数据库。

作关系，与国外科学家建立长期的友谊关系以及我国的固体潮汐研究逐渐步入国际一流水平奠定了基础。

潜心研究固体潮及负荷形变

固体潮观测工作中，需要对大量的潮汐观测数据进行处理分析，国际地潮中心建议采用维尼迪柯夫（Venedikov）调和分析方法，这一方法在组成各波群的理论值时，是按照潮波的频率分群的，波群中包括有二阶和三阶引潮位的潮波，但是对不同阶的引潮位，潮汐因子是不相同的。因此，1981年，许厚泽提出对在全日和半日波群中来自三阶位的分波的理论振幅应乘上下面的系数进行修订，它们需要分别乘以 $k_1=0.922$（重力），$k_2=1.170$（倾斜）[1]。对于如何检验潮汐观测期间灵敏度及相位的变化，国内一般采用预处理数据方法。但许厚泽认为，更加完善的方案是从短观测序列数据中，推算出半日波及全日波的潮汐因子及相位延迟值，一个简单的方法就是使用维尼迪柯夫滤波器进行调和分析，这种分析对于快速检测地震前潮汐因子是否存在变化也有一定的帮助[2]。对于仪器记录格值如何计算的问题，许厚泽和朱灼文认为可以使用 Vondrak–Paquet 的最小平滑法内插出所需时刻的仪器记录格值。至于选哪种函数作为模型，许厚泽认为样条函数最合适。样条函数是近年来一种新的插值[3]工具，在任何插值领域中表现出其他任何函数无可比拟的优越性，比如结构简单、便于计算、稳定，能将误差限制在局部、逼近阶高、收敛性好等。因此，选用样条函数作为拟合的基本模型，把残差均方最小原则与曲率变化均匀性要求结合在一起，得出的结果更能符合实在的物理本质。

---

① 许厚泽、毛慧琴：《关于 Venedikov 调和分析的一点注记》.《测量与地球物理集刊》，1981年。

② 许厚泽：《用维尼迪柯夫滤波器作短观测序列的调和分析》.《地壳形变与地震》，1984年第 2 期，第 148–151 页。

③ 插值是离散函数逼近的重要方法，利用它可通过函数在有限个点处的取值状况，估算出函数在其他点处的近似值。

到 1982 年，许厚泽又和同事陈振邦、杨怀冰一起提出了远洋区利用全球海潮潮高的球函数 [①] 展开式的实施方案。由于我国重力及倾斜潮汐观测已广泛开展，为正确对所得观测结果进行地球物理的解释，就必须在观测结果中顾及海潮负荷的影响。虽然海潮的间接影响相比固体潮较小，但在沿海地区，尤其是对于距离海洋较近的地方，这种影响是不容忽视的，特别是对于倾斜潮汐观测，影响更加严重。与国际上通用的褶积积分方法不同，许厚泽和陈振邦、杨怀冰一起提出把海域分为远近区，近区用褶积，远区用球谐函数 [②] 级数的计算方案，对倾斜潮汐观测的海洋潮汐进行负荷改正，这种方法在提高计算速度的同时也不会影响精度。

建立我国 1°×1° 平均重力异常推估方案

测地所恢复，重新调整科研任务后，研究内容进一步丰富，多个项目齐头并进。许厚泽捡起测地所被撤并之前的重力场研究，在九年前的研究基础上继续专深，建立了我国 1°×1° 平均重力异常推估方案。

重力观测值是地面上离散的点值，是重力资料的重要组成部分。但在实际应用中，比如用重力异常推算垂线偏差等，往往需要的是重力异常沿全球表面的积分。因此，在研究重力异常过程中，更重要的是知道许多局部地区直至全球的分块（如 1°×1°、5°×5°）平均重力异常，而不是一个个孤立的重力点值。

关于在局部重力场中内插的方法，实践证明，简单的取测点空间异常值的方法，存在精度低的问题，特别是对于测点分布不均匀、地形变化复杂的地区，这种方法更加不适用。

---

① 球函数（Spherical function），通常指连带勒让德方程的解，亦即连带勒让德函数。有时也把面调和函数称为球函数。在球坐标系中用分离变量法解拉普拉斯方程或亥姆霍兹方程时可出现这些函数。

② 球谐函数（Spherical harmonics），是拉普拉斯方程的球坐标系形式解的角度部分，是近代数学的一个著名函数，在量子力学、计算机图形学、渲染光照处理以及球面映射等方面广泛应用。

为使 1°×1° 均值既满足精度要求，又节约工作量，1981 年，许厚泽和同事高志忠、许尤楠、杨怀冰、王刚义、蒋福珍等，根据重力点的分布情况，一起演证和推导了八种推算 1°×1° 方块平均重力异常的方法，还推导出这八种方法的误差估计公式，从而构建了我国 1°×1° 平均重力异常推估方案。他们还选取了九种不同地形类别的 1°×1° 方块，同时用八种方法进行试算。计算结果表明，不考虑点分布的取均方法不适用于点分布不均匀地区，平差拟合法和直线内插法同时考虑了测点的平面分布和测点的高程分布，适用于重力点稀少但分布不太均匀、地形起伏较大但测点平均高与地形平均高相差不大的地区，虽然最小二乘推估在理论上是严格的，但是如何统计协方差参数及如何选取协方差参数还有待进一步研究。后来，1°×1° 平均重力异常推估方案成功应用于国防武器试验中。

放弃赴德国学习机会

在国内，许厚泽一直辛勤耕耘于大地测量、地球重力场、固体地球潮汐等研究领域，并在各个领域取得了丰硕成果。在方俊领导下的测地所，许厚泽已经从他的学生，成长为了方先生的左右手，是所里的栋梁和业务骨干。改革开放后，许厚泽多次赴澳大利亚、比利时、美国、西班牙、日本等国家参加国际性会议，在高校讲授课程，与国际学者的交流越来越多，在国外同行中的影响力也越来越大，其在大地测量、固体潮汐、地球重力场领域的研究能力得到国际专家的认可。

1982 年，德国格鲁腾（E.Groten）教授推荐许厚泽申请洪堡基金成为洪堡学者，为期两年。洪堡基金是为纪念德国伟大的自然科学家和科学考察旅行家洪堡而设立的，其选拔的唯一标准是学术水平，不分国别，也没有专业限制，用于资助外国科学家和博士研究生在德国学习。在当时，这是一个非常难得的机会。为了吸引中国的研究人员前去交流，洪堡基金还

图 6-4　1984 年许厚泽在方俊名誉所长八十寿辰庆典会上做报告

特意放宽了条件，把年龄标准从四十五岁以下改为五十岁以下。洪堡基金会评委 Grafrend 教授甚至把要办理的表格都寄给了许厚泽，几乎所有的程序都已办妥，只需要最后得到中国科学院测量与地球物理研究所方俊所长的同意。

方俊所长是从旧时代一路走过来的，他目睹了祖国从被列强欺凌到独立自主，从一无所有到各项事业基本完备，内心有着浓浓的家国情怀。他特别认同那些为我国科学事业默默无闻奉献的科学家，认为为国家民族事业而奋斗才是一名科研工作者的本分。在《从练习生到院士——方俊自述》一书中，他写道："我曾为我培养的许多研究生一个个出国之后不肯回来，而苦恼和愤怒。""我有幸认得钱学森先生这样热爱祖国的导弹专家。他抛弃了美国优裕生活，顶住了美国迫害和阻碍，回到祖国，为我国创办了导弹技术。"①

作为我国大地测量、地球重力学，重要领域的奠基人和开拓者，方俊

---

①　方俊：《从练习生到院士——方俊自述》。湖南教育出版社，2012 年，第 349-350 页。

热爱祖国也热爱自己一手建设起来的事业。此时的他已将近八十岁，即将退休，心里早已选定了接班人。为了中国科学院测量与地球物理研究所的发展，他希望许厚泽接此重担。

这几年，许厚泽出国参加学术活动的次数比较多，他目睹了我国与其他国家的差距，各项事业还需要有志之士付出长期的努力。因此，他愿意留下，也希望能为祖国多做点贡献，当即决定放弃赴德国学习的机会，继续留在所里分担更多工作。回想起这段往事，他并不感到遗憾，认为留下来是时代和使命的选择。

> 方先生当时是所长，我的老师，方先生已经快八十岁了，他想要退下来。所以当时，方先生没有同意我去。留在这里也不错，也不是当时就有任命。但我还是放弃了去德国，然后到1982年底就把我任命为副所长。①

后来，有人感慨，许院士没有留学经历，却能取得那么高的成就，他总是很自豪地说：他是完完全全由我们自己培养出来的。从方老先生手里接过的这根接力棒，代表着一份重大的责任。小时候因日本侵略而颠沛流离的许厚泽，深刻理解"落后就要挨打"的道理，心中也始终抱有为国家之崛起而奋斗的使命感。他不负恩师所望和国家的培养，测地所在他的领导和持续影响下，无论是在学科发展还是在内部管理上，都竿头日上、成绩斐然。

---

① 许厚泽访谈，2019 年 1 月 16 日，武汉。资料存于采集工程数据库。

第七章
测地所的掌舵人

1982 年底，许厚泽担任中国科学院测量与地球物理研究所副所长，1983 年 7 月，担任中国科学院测量与地球物理研究所所长，承担起领导和建设中国科学院测量与地球物理研究所的重任。这条道路并不平坦，尤其是在测地所研究学科单一、科研支撑系统单薄、人才缺乏的情况下。方俊常常形容说："我们的研究所是在夹缝中求生存。"[①] 出任所长后，许厚泽表现出卓越的管理能力。通过创新科研内容，引进先进设备，培育和引进优秀人才，加强与国内外科研机构的交流合作，强有力地推动了测地所的发展。测地所在他的领导下，走出了一条独具特色的发展道路。许厚泽在学术

图 7-1　许厚泽第六届全国人民代表大会的出席证

---

① 夏炎:《许厚泽:开路先锋》。见《中国科技奖励》，2009 年第 9 期，第 61-62 页。

方面的敏锐视角和作为科研头羊的出色领导力受到各级的广泛认可。作为学者，他潜心科研、乐在其中；作为领导，他高瞻远瞩、英明果敢。因贡献突出，许厚泽于1991年当选中国科学院院士（学部委员），1993年担任中国科学院武汉分院院长，并当选第六、第七、第八届三届全国人大代表。

担起测地所的管理重任

英国物理学家兼科学社会学家约翰·齐曼分析道："对于现代科学家来说，如果他拒绝管理职责，那么他将以一个独立的研究者出现，失去由他指挥的一支很大的力量；倘若接受这个职责，那么他的行政事务会非常之重，以致没有时间去做真正的科学研究……从科学界来看，一个人失去知识上的权威是令人难以接受的，因为这是一个学者自尊的缘由。"[①] 许厚泽没有在科研和管理的抉择中令自己陷入"窘境"，而是勇敢地挑起了行政职权，选择和测地所共成长。

除了测地所所长，许厚泽还先后担任了国际大地测量协会执委（1979年）、国际地潮委员会主席、国际重力委员会副主席（1983年）、中国科学院武汉分院院长（1993年）等职务。各种行政职务加身，许厚泽肩上的担子也重了起来。同时扮演好科研人员、导师、所长、院长、主席等角色，需要付出加倍的心血，也需要"抓大放小"的管理智慧。他始终以科研为"大"，以团队平台建设为"大"，以国家建设的需求为"大"，个人的得失、局部的利益是"小"。

为使测地所走出"在夹缝中求生存"的境地，许厚泽抓了三个方面。一是指方向。他说："如果在单一的大地测量或者地球物理方向上无法立足，则我们就从学科间的交叉和渗透入手。"为此，他努力拓展大地测量

---

① 约翰·齐曼：《知识的力量——科学的社会范畴》。上海科学技术出版社，1985年，第207-208页。

图 7-2　许厚泽（左三）与孙和平（左一）在美国 GWR 公司考察

和地球重力场研究领域，积极推动交叉学科应用。二是引设备。为提升测地所硬件实力，他相继引进了 Lacoste-Romberg G 型重力仪、Lacoste-Romberg ET 型重力仪、超导重力仪、绝对重力仪等当时最先进的设备，大大提高了重力观测精度和科研工作效率。三是抓人才。除了注重内部人才培养，他也积极从外部引进优秀人才。在许厚泽的带领下，测地所扭转困局并成为我国地球物理学、地球动力学、环境科学及其交叉领域的重要科研阵地，设立了多个重点实验室，取得了良好的发展局面。对此，测地所第五任所长王勇回忆道：

　　他那个时候当所长，非常注意学科的发展，二十世纪八十年代末，引领着我们从传统大地测量到动力大地测量，包括平台的建设、人才的集聚，尤其是对青年人的学科方向的把握。一个研究所的发展，无外乎好的学科方向、好的人才集聚平台。我们动力大地重力测量实验室就是他领导建设的，现在是国家重点实验室。

　　许院士对测地所的爱让我印象很深，不管大事、小事，只要是对所里好的，他都认为是自己义不容辞的事。他对研究所的情感非常深，总是想着研究所的发展，就像爱护自己的家一样，爱护这个所。许院士没有私心。①

选择学科交叉的创新道路

许厚泽经常参加国际会议，能够把握国际研究的新动向，具有开阔的国际视野，他认为影响科学技术迅猛向前的往往是那些发展迅速的、基础的、带头的学科，以及由原有学科渗透交叉而生长出的新学科，因此，必须注重那些基础前沿和关键学科的研究，重视交叉学科和创新。②秉持这一观念，许厚泽坚信中国科学院测量与地球物理研究所不应该局限于单一的学科研究，而应该大胆地与地质学、地球物理学交叉渗透。在中国科学院测量与地球物理研究所学术委员会研讨发展战略的会场，研究所的同志听到他这样激昂人心的号召、言简意赅的决策论述："中国科学院测量与地球物理研究所应该怎样去实现自身学术地位的改变和大地测量学科的变革？那就是不要再将自己禁锢在静态地球的定位和重力场观测，而要更关注地表位置的运动如重力场的变化；就是不要只局限于地球表面上测量，而要更关注利用先进的卫星技术从空间来测地；就是不要满足于只是提供资料和数据，而要更关注用大地测量学的观测结果作为约束，与地质学、地球物理学交叉渗透，去探索地球动力学和地球各圈层相互作用的科学问题，这尤其是中国科学院测量与地球物理研究所的学科研究使命。"③他的思想总是超前的，他认为："我们应该面对世界当前高技术的发展，站在历史的高度，作出经得起历史考验的抉择，才是交叉学科发展的

---

① 王勇访谈，2019 年 4 月 19 日，武汉。资料存于采集工程数据库。

② 许厚泽：《现代科学技术的发展趋势》。手稿，1995 年。存地同上。

③ 潘显章：《许厚泽》。见《20 世纪中国知名科学家学术成就概览·地学卷·地球物理学分册》。科学出版社，2010 年，第 328 页。

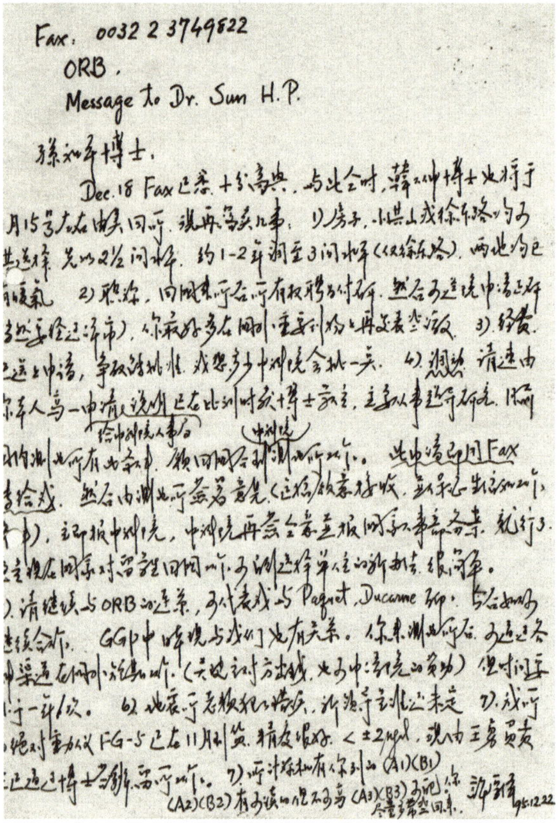
Fax: 0032 2 3749822
ORB.
Message to Dr. Sun H.P.
孙和平博士:

图 7-3　许厚泽致信孙和平告知回国安排事宜

前途。”

许厚泽出任所长后，测地所的测量、重力场、固体潮汐等传统优势项目得到加强、交融与创新，测地所成为大力测量学、地球物理学、环境科学及其交叉领域的重要科研阵地，在地球局部和整体运动、地球内部结构及圈层相互作用、地球系统的质量分布和迁移、大地测量在空间利用和国家大型工程建设中的应用、长江中游地区环境与灾害监测评估及湿地演化及修复等领域均有所作为。

吸引、留住优秀人才

对于一个科研机构来说，人才质量直接决定了单位的产出和竞争力。作为所长的许厚泽十分注重选人、育人和用人，他爱惜人才、想尽一切办法留住优秀青年，测地所的后两任所长孙和平、王勇都是许厚泽一手引进、培养起来的，副所长熊熊也是博士毕业后留所工作的。

1980 年，孙和平从中国科技大学地球和空间科学学院毕业后，被分配到国家地震局地震研究所，与测地所在同一栋楼办公。因为工作的原因，孙和平很快与许厚泽认识。许厚泽曾在地震局工作过六年，回到测地所后仍多年致力于固体潮汐的研究，是这个领域的资深学者和高级专家。在一次学术讲座上，许厚泽向地震研究所的年轻人分享了自己的科研经历和最新进展。坐在台下的孙和平第一次深入了解了许厚泽的工作以及他的团队实力。平日在大楼里碰到，这位脸上总是挂满笑容的和善老人，具有十足的学者魅力。他将固体潮和重力场相关知识讲得通络透彻。许厚泽也对这个认真做事、踏实做人的年轻人颇有好感。

1990 年，在地震研究所的推荐下，孙和平参加了国家留学考试，成功获得公派留学的机会。孙和平想利用这次机会在国外完成手里正在进行的研究工作，同时修读博士课程，但国家只提供一年的公派资助，时间太有限，想要完成这些，难度很大。许厚泽在出访欧洲时得知了此事，他立即与科学院人教局联系，协商的结果是，由测地所承担一部分费用，资助孙和平继续完成学业。许厚泽向孙和平提出了一个要求：学成后需回国，到测地所工作。孙和平信守承诺，1995 年 11 月通过比利时鲁汶大学博士学位论文答辩后，如约归来。一位高水平人才因此留在了国内，测地所的科研实力也得到了加强。

图 7-4　许厚泽在电脑前指导学生

到测地所工作后，孙和平迅速成长起来，后来成为测地所第四任所长，承继许厚泽的衣钵，带领测地所不断发展。孙和平与许厚泽结识多年，又因这样一段特殊的机缘一起共事，作为后生，他完完全全被这位老前辈的人格魅力所折服。在担任所长的九年时间里，全身心投入到研究所的发展与管理中，从发展战略到科学定位、从重点领域到新的学科增长点、从平台建设到人才队伍、从项目争取到成果产出、从公共管理到园区建设，这些几乎花费了他所有的时间和精力。

除了引进孙和平这样的优秀人才外，许厚泽还十分注重对所内年轻人的培养。他亲手带出一批博士生、硕士生，这些学生很多都已成为业内的佼佼者，如院士罗俊、测地所的第四任所长王勇、副所长熊熊、武汉大学副校长李斐等。他对所里的年轻人十分重视和关心，在帮助和提携后辈上不遗余力，这些年轻人在学习和工作的过程中与之建立了深厚的感情。许厚泽用自己的人格魅力吸引了像王勇、熊熊这样的优秀人才留所工作。谈到他，大家一致评价："像亲人一样。"

王勇谈起导师的关怀十分激动：

这些年来，因为我腿脚不方便，走长路感觉比较吃力，许院士一直非常照顾我。有一年，我和许院士一起出差开会。我们到北京机场后，许院士比我先到，当他发现我们的登机口距离比较远时，立刻给我们打电话，提醒同行的同事照顾我。

每年春节，测地所的领导干部都会聚集到许院士家

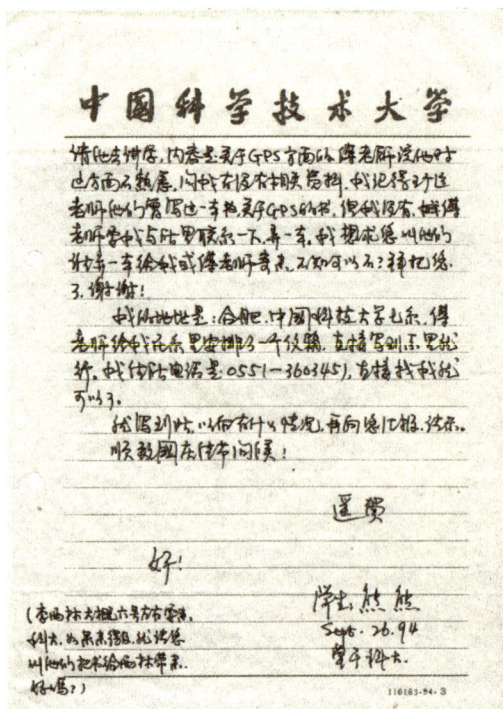

图 7-5　熊熊致许厚泽的信（1994 年 9 月 26 日）

里去拜年。由于他家没有电梯。为此，他和夫人事前在电话里总会说："不要让王勇来，他上楼不方便。"

对于我的家人，许院士同样很关心。今年，我妻子因病住院。当天晚上十点多，许院士从北京出差回来得知情况后，马上给我打了电话，问我有什么可以帮忙的，这让我们很感动。

多年来，他在我心里，就是如亲人般的感觉。每每回忆起与他共事的点滴，在我心里总是充满感激、感动。①

熊熊也深为导师的人格所倾服：

我和我爱人在1993年成家，1994年得子，但分居两地，我在武汉，爱人和孩子在外地。每次爱人和孩子来探亲，我们总借住朋友的房子。爱人调动工作很难，而根据当时的政策，我属于"半边户"，不给分房。考虑再三，我萌生了出国的念头。许老师了解情况后，跟我说："你放心，哪有干活的人没房子住的？"在许老师的关心下，所里给我分配了住房。1997年，也是在许老师的关心下，所里将我爱人调过来，一家团聚了。当时，所里工资很低，许老师在分配课题提成时，总是拿得最少，甚至不要，而将提成分给年轻人。正因为许老师的人格魅力和为年轻人做的一件件实事，为研究所稳定了一批年轻科研骨干。②

引进、研发先进设备

科学研究的进步离不开仪器。早在1957年国际地球物理年活动中，学界专家就号召全世界用精密仪器观测潮汐现象，再根据观测的现象构建理

---

① 《王勇副所长：许院士待我如亲人》。《定位》，2014年第2期，第64页。
② 《熊熊副所长：遇到许老师是人生中幸福的事》。《定位》，2014年第2期，第65页。

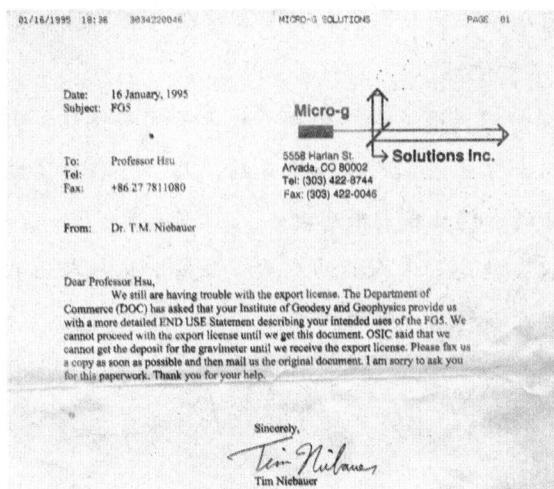

图 7-6　Niebauer 致许厚泽关于 FG5 绝对重力仪出口许可证办理的传真（1995 年 1 月 16 日）

论模型，进而改正仪器观测。许厚泽同样主张理论与观测研究紧密结合，努力推进中国固体潮汐技术和设备的现代化建设。[1]固体潮研究需要地球表面重力、倾斜和应变等物理场在不同地点随时间变化的观测数据，这些物理场的变化都非常微小，因此必须采用十分精密的观测仪器进行细心观测才能得到可靠的数据。

在二十世纪八十年代，我国有关固体潮研究的实验设备颇为简陋，更缺乏精密仪器。为改变中国科学院测量与地球物理研究所仪器落后的现状，1981 年许厚泽在与比利时国际合作研究的过程中，通过比利时购买了两台美国的 Lacoste-Romberg G 型重力仪（当时美国这种重力仪对中国是禁运的）。为购买美国的这两台重力仪，许厚泽在比利时待了四个多月，生怕不能顺利买到，最后终于亲手将这两台仪器提了回来。这两台仪器是当时国际上最先进的重力仪。回测地所后，先后参加了国家重力基准网联测、中国地壳运动观测网络等重大项目。1982 年，在中国科学院的支持下，许厚泽又率先引进了两台 Lacoste-Romberg ET 型重力仪，这种仪器是当时国际上用于重力潮汐测量的金属弹簧型重力仪中使用比较广泛、性能最好的仪器之一。

在科研工作中历练了几十年的许厚泽，深知先进的设备是做出优秀科研成果的必要条件，若在这方面跛了腿，很多研究工作都会止步不前。因此，出任所长之后，他更加注重仪器的引进和研发。在他任上，1986 年，

---

　　[1]　潘显章:《许厚泽》。见《20 世纪中国知名科学家学术成就概览·地学卷·地球物理学分册》。科学出版社，2010 年，第 324 页。

测地所再次引进国际上精度最高、全国唯一一台 GWR 超导重力仪及两台 Lacoste G 型重力仪；1995 年，又引进中国大陆第一台绝对重力仪 FG5。

FG5 绝对重力仪的引进，从开始联络到仪器成功运到测地所，耗时两年多。1993 年 10 月许厚泽联系了美国科罗拉多大学博尔德分校物理系同行教授法勒（James E. Faller），通过他辗转打听 FG5 绝对重力仪的购买渠道及获得折扣的可能性。10 月 13 日，法勒教授在回信中告知了许厚泽一些好消息。此后，两年里，许厚泽多次与法勒教授所提到的尼鲍尔（Tim Niebauer）通信、发邮件、发传真，沟通购买 FG5 绝对重力仪的事情。2015 年 12 月，在许厚泽的不懈努力下，仪器最终到达中科院测地所。此后，国内的地震行业、测绘行业才开始引进绝对重力仪，许厚泽重视引进最新仪器设备的开明态度发挥了很好的示范效应。谈到在仪器引进方面，许厚泽充满前瞻性的果断决策，王勇言语中充满了敬佩：

> 这个是许院士推荐引进的。是国内第一台。当时许院士和他们谈判，我记得是二十八万美金左右。这是技术最新的、精度最高的重力仪。我们所的很多先进仪器，比如超导重力仪、机型重力仪、固体潮型重力仪，包括绝对重力仪，只要是重力仪器，都是许院士引进的。比如说拉科斯特的仪器，当时美国对我国禁运，他通过第三方从比利时转购。[①]

每一次的仪器引进都不容易，但很值得，得益于这些先进仪器，相关研究进展顺利。正是这些不同类型重力仪的引进，为建立具有国际先进水平的中国重力潮汐基准站奠定了良好的基础，为中国固体潮研究迅速步入国际先进行列提供了强有力的技术支持。1996 年 4 月，FG5 重力仪在测地所服役四个月后，许厚泽便提出了《建立我国绝对重力监测网的建议》：

---

① 王勇访谈，2019 年 4 月 19 日，武汉。资料存于采集工程数据库。

一、国内外发展现状及我国已有的条件

随着绝对重力测量技术的迅猛发展以及高精度 FG5 绝对重力仪器的商品化，绝对重力测量已成为大地测量的一项重要手段，最近举行的第二十一届 IUGG 大会上，开展绝对重力测量的研究成为国际大地测量协会通过的几项决议之一。

我国的绝对重力测量工作始自 1965 年，中国计量科学院开始自行研制 NIM 型绝对重力仪，经过三十年努力，该型仪器在精度和稳定性上都达到国际先进水平，其测量精度为 ±10 微伽，并运用该仪器在我国若干站上进行了实际测量。之后，国家测绘局及国家地震局分别与意大利、德国、芬兰等国合作。从八十至九十年代，在国内各基准站上进行了重复现测，其中精度最高的是 1994 年与德国应用大地测量所合作利用最新的 FG-5 绝对重力仪所得的结果。

1995 年中科院测地所引进 FG-5 绝对重力权，由于这种仪器的观测精度已能保证达到 ±2 微伽，如果在观测时间，周围环境干扰，资料处理等方面进一步完善，并选用高频率稳定的氦氖及碘激光器、精度还能进一步提高。利用此 FG-5 并配合以国产的 NIM 型仪器，已完全可以独立自主地进行我国的绝对重力测量和研究工作。

基于此，今年春夏之交，我邀请我国从事绝对重力测量工作的部分专家（包括计量院、国家测绘科学院、国家地震局地质所、地震所以及中科院测地所等）在武汉就开展这一工作充分交换了意见，我们一致呼吁建立我国的绝对重力网，定期进行复测，以服务于地震预报，海平面变化监测，垂直基准的建立以及地球动力学研究等方面的需要。

二、我国绝对重力监测网的作用

建立我国的绝对重力监测网将为测绘、地震、海洋、地质等部门提供稳定可靠的重力基准值，为地震区的地震分析预报、全球海平面变化的监测以及地球动力学的研究（如青藏高原的隆起）提供重力变化数据和证据，其中我国的绝对重力网可重点包括以下四个部分。

1. 京津唐地区

京津唐地区是我国地震防灾的重点监测地区，目前国家地震局已经布设了较完善的 GPS 网，以监测该地区的水平形变及垂直形变，与此同时，也布设了较密的相对重力测量网，以监测地面的垂直运动及地球内部的物质运动。但是，尽管相对重力测量也采用了目前世界上精度最高的拉科斯特型仪器，但其精度最多也只能在十微伽的量级，而且要达到此精度还很不容易。此外，这种测量方法只能得到地区重力场的相对变化，不能给出重力场的绝对变化情况。

如果在京津唐地区布设绝对重力测量网，以 2 微伽精度的 FG-5 仪器辅以 10 微伽精度的 NIM 型仪器联合进行重复测量，重复周期一二年，则捕捉 10 微伽量级的重力变化是完全有把握的。这将为更有效地预报京津地区的地震提供极为有力的第一手资料。

为了更有效地检测重力场的连续性变化，还可以结合重力潮汐观测的资料。国家地震局与中美两国地震科学合作已在京津唐地区设置了 8 个固定重力台站，用美方提供的 TGR-1 型仪器进行连续观测，由于美方仪器在标定问题上仍有一些问题，建议最好在白家疃站增设一台 LCR-ET 型仪器。

2. 基准网点

在国际重力基准网选定的北京、南宁、武昌点进行长期的重复观测。

为了检测全球重力的长期变化，包括由于 G 的变化，以及大、水分布，极移等引起的重力场变化，IAG 曾建立一国际绝对重力基本网，要求各国定期在这些基点作长期监测，我国已确定北京、南宁两点，鉴于这两点均离海较近，北京又属多震地区，地壳稳定性较差，建议增加武昌站点。

3. 青藏地区

由于印度板块向欧亚板块的俯冲，青藏高原的隆起是全球地学界关注的一项重要课题，其中现代青藏高原的隆起速率的测定又是定量地检测这一隆升现象的第一手资料。迄今，人们的了解来自重复水准测量，并据之编纂了青藏高原的现代垂直运动速率图。但是，水准测量费时耗资，同时须数十年才能重复观测一次，即使从目前所得结果来看，对拉萨以南的垂直形变情况仍是空白。

据加拿大制订的绝对重力测量计划，用每次5微伽精度的重复重力测量，就可能在五六年期间监测出每年1厘米量级的垂直运动量，目前FG-5仪器精度已达2微伽，因此，将有可能监测出更微小的垂直运动量（五六年间，每年3—4毫米的垂直变化量）。

中科院测地所1982年至1994年利用拉柯斯特重力仪所作成都—拉萨相对重力测量结果表明，拉萨的重力值确实呈减小趋势，其年变率为3—4微伽，这和拉萨地区每年约10毫米量级的隆升是一致的，也证明有可能利用绝对重力测量来了解青藏地区垂直隆升的情况。

4. 沿海地区

精密的重复绝对重力测量将给出沿海地区非潮汐的重力变化数据。数据可用于：（1）区分海平面的变化及沿海大陆的垂直运动，因为前者造成的重力变化比后者要小一个量级，换言之，海平面变化导致的重力变化十分微小，而地壳运动的影响要大得多；（2）用于确定高程基准，即大地水准面，现在国际上正致力于统一全球高程系统的研究，这样需要精确了解验潮站的平均海平面与真正大地水准面的差别，以及大地水准面上的重力位的数值 W_0，这有赖于高精度的绝对重力值。

三、建立我国绝对重力监测网的意见

点位选择的原则是：①选在稳固的基岩上；②尽量与高精度GPS及水准点重合或接近，以便获得点位几何变化的数据；③重力点适当均匀分布，重点研究区适当加密；④条件符合的重力基准点和已有绝对点应尽量利用。

初期提出的一个方案包括下列十七点：北京、青岛、上海、福州、沈阳、南宁、昆明、乌鲁木齐、拉萨、武汉、哈尔滨、广州、西安、银川、成都、兰州、格尔木。前十个点已具备观测室及建于基岩的现测墩，其后哈尔滨等三点现有点位建在非基岩上，需另选基岩点，最后四个待选点城市无任何绝对重力观测结果。

上述方案中，北京、南宁、武汉为参加国际重力基准网之点，北京、兰州、成都、昆明、银川、福州、沈阳、乌鲁木齐等点将把现有国家地震局的局部重力测量网连为一体，有助于全国的地震监测预报，北京、青岛、上海、福州、广州等点构成的沿海网络，有助于海平面变化的研究，而格尔木、拉萨点则有助于研究青藏地区的隆起。

四、建网的步骤

建设由国家地震局统一领导实施，包括中科院测地所、中国计量科学院、国家地震局地震所、地质所、国家测绘局测绘研究院共同完成，充分发挥各单位的优势。

建网的步骤包括：①拟定和论证布点方案；②选点及建点；③拟定施测方案和成果处理细则；④施测和处理成果。

时间要求 1996 年建成，1999 年复测一次。[①]

在引进仪器的过程中，许厚泽也意识到：我们不能永远进口，要实现自主研发，这样才能增强国内科学研究者的自信心，同时为国家节省科研经费。许厚泽所带的博士生罗俊，毕业之前一直从事牛顿万有引力常数 G 的精确测量研究，需要用到一种专门用以测量重力加速度 g 的仪器—重力仪。由于这是一项高精尖且可用于国防安全的技术，许多高科技含量的重力仪器设备被禁止出口到我国。为此，许厚泽说，要解决这个问题，"还得靠我们自己"。[②]

在许厚泽的引导下，罗俊开始将自己的研究重心转至地球重力场的精密测量。2010 年，许厚泽与罗俊通过华中科技大学向国家申报"精密重力测量研究设施"研究项目，致力于解决我国精密重力测量仪器缺失的问题。2013 年，项目被列入国家重大科技基础设施中长期规划"十二五"重点建设项目。

①　许厚泽：《建立我国绝对重力监测网的建议》。手稿，1996 年 4 月，武汉。资料存于采集工程数据库。

②　《活到老学到老的科学家》。《定位》，2014 年第 2 期，第 23 页。

构建良好的单位文化

图 7-7　许厚泽（左二）所长慰问职工（1992 年）

许厚泽学术造诣高，为人正直、宽厚、友好，身上有着很强的亲和力、凝聚力和感染力。在他的带领和影响下，测地所形成了自由、温馨之工作氛围和开放、务实之学术精神。良好的单位文化得以构建和传承，是测地所能在数十年内迅速崛起，并一直保持竞争优势和可持续发展力的重要原因之一。

他记忆力很好，见过一两次的年轻人，下次在大楼里碰到，仍能准确无误地叫出对方的名字。虽然身处所长的高位，他在所里却更像是一位亲切的长者，是类似于一个大家庭中家长一般的存在。他作学术报告时，学生们都可以无所顾忌地站起来，当场提出异议。他不仅不生气，还会说一句"提得好"，特别享受与学生们的这种"争论"。

正是因为这种亲切和宽厚，所里的年轻人，遇到问题总是乐于向他请教。研究所里年轻人基本都是他手把手教出来的。测地所充满了温情。

许厚泽保持初心，坚守着科学家应有的准则。谈到社会上一些不好的现象，他会指出并给予批评。"现在的年轻人比我们那时条件要好太多了，又处在互联网时代，全世界的电子文献都可以随便看，资讯接收方便多了。所以年轻人要好好抓紧当下的大好时光，别整天想着钱。"许厚泽将"提高思想素质"摆在高素质人才培养的首位：

培养高素质人才，首先要不断提高思想素质，即对祖国、对科学的热爱和对社会、对人民的责任心。当前发展经济任务艰巨，各项指标总量不少，一人均就倒数了。振兴中华任务落在我们身上，要靠几代人的努力。

其次要打好扎实的基础。根深才能叶茂，从知识的汲取上来看，外语、计算机、专业基础的学习都很重要。论学习能力，则需具备良好的自学能力，要能融会贯通，举一反三，还有刻苦专研的精神，对于一些晦涩难懂的知识，一遍不行就看两遍，直到搞懂为止，千万不能猴子摘苞谷。看不懂时会很苦，懂了就很乐。

再次培养创新能力。科学的生命在于创造，而创造力要在独立工作中培养。重要的是，不要迷信，不要依赖，要敢于挑担子，紧跟科学发展的步伐，不断更新知识，不断创新。[①]

刚接任所长时，测地所并没有好的条件去揽才，许厚泽便有意地让年轻人去承担一些重要的任务，使用一些新的设备，让大家既感受到被重视，又对自己手里的工作产生更大的兴趣。他想用事业去吸引、留住优秀的青年才俊。事实证明，这样的方式十分有效，所里的博士生，很多都是本着对这份事业的热爱，本着一种推动学科发展的使命而选择留所工作。国家曾对科学院知识创新工程试点成效进行评估抽查，最后测地所的调研反馈报告中特别写下了"测地所的学风正"这样一句话。得到这样的评价，许厚泽由衷感到高兴。

注重对外交流

许厚泽十分注重与国内外其他研究机构的交流，并善于吸取各家之

---

① 许厚泽:《对人才培养的思考》。手稿，时间不详，武汉。资料存于采集工程数据库。

长，为己所用。他把熊熊送到中国科技大学，请地球和空间科学学院傅容珊教授指导，测地所的地球物理研究部分也由此在科大支持下发展起来。罗俊毕业后在华中科技大学工作，他与罗俊共同申报"精密重力测量研究设施"项目，借助华中科技大学的力量共同开发重力测量仪，后被聘为华中科技大学地球物理研究所所长。

图 7-8　许厚泽（左）与前国际大地测量学会主席库卡梅基

许厚泽还先后与国外二十多家研究所和大学建立合作交流的关系，使一大批中青年科技骨干在大地测量、地球物理、固体潮汐等交叉学科领域脱颖而出。他经常带队参加国际会议，保持与世界最先进成果的联系。

许厚泽已先后担任过国际大地测量协会执委、国际地潮委员会主席、国际中立委员会副主席、《国际大地测量》杂志编委等职务。活跃在国际学界时，他在专业领域的成就受到各国学者的瞩目和重视，其渊博的学识、严谨的学术态度、儒雅的个人风度赢得了同行专家的尊重，也因此获得了许多国际合作的机会，打开了我国测量与地球物理研究走向世界的良好局面。解放军信息工程大学教授吴晓平在接受《定位》杂志采访时，谈到了一件令他印象深刻的事：

许院士在我国大地测量界与国际大地测量界起到了一个连接的纽带和桥梁作用。他与国内外知名科学家都有着密切的联系，这除了他渊博的学识之外，就是他的人格魅力。这其中，我印象深刻的是 1987 年，许院士到我正在进修的英国诺丁汉大学进行学术访问。当时，英国大部分学校的教授对第三世界来访的科学家都持不屑的态度。我曾看到中科院的一位所长受到冷遇的尴尬，担心许院士会遭到同样的接待。但通过许院士的座谈与演讲，他那精深广博的专业知识，幽默风趣的谈吐，谦逊而不卑的交谈令英国人折服，他们很快转变了态度。他能够面向各种对象选择让他们理解和接受的语言来表述很专业的问题。阿什肯纳兹（Ashkenazi）教授破格单独宴请了他，而且送他到车站。①

当选为学部委员、任武汉分院院长

1991 年许厚泽当选为中国科学院学部委员。

学部委员这一称号主要是荣誉性的，但是，在许厚泽心中，学部委员不只是一种荣誉称号，更重要的是需要他承担中国科学院乃至全国科学技术的学术领导工作。参加的会议也多了，参加报告的机会也变多了，参加国家的重大项目评审活动也增多。对于许厚泽来说，最重要的变化就是肩上科研任务的担子更加沉重了，心中的责任感更加强烈了。

1993 年，许厚泽又被任命为中国科学院武汉分院院长。身为所长、武汉分院院长，许厚泽在测地所的战略定位、学科布局、重点研究方向的确定和新兴学科的增长点布设等方面，都发挥着关键作用。尽管七十岁的时候，他打算"淡出江湖，享受生活"，但年过八十，他仍然每天到中国科学院测量与地球物理研究所上班。可以说，许厚泽将其一生都奉献给了中国科学院测量与地球物理研究所和科学研究。在其学生罗俊院士心中，许厚泽已经将他的科学事业视作自己的生命：

> 习惯，这是生活，这是生命，是他的全部，不停地思考问题已经成为他的生活方式。他要真淡出的话，那就不是许老师了，做不到的。②

---

① 《吴晓平教授：许院士是充满人格魅力的科学家》，《定位》，2014 年第 2 期，第 57 页。
② 罗俊访谈，2019 年 4 月 30 日，武汉。资料存于采集工程数据库。

第八章
传统优势学科的创新发展

    许厚泽和早期地球物理研究所（测地所的前身）的一大批同事都是学测量出身，早在上世纪五十年代，他们就参与了国家天文大地网、天文重力水准网等重大项目的建设，后又接手国防测绘保障的任务。研究所在大地测量学，尤其是重力测量方面具有深厚的功底。被划归地震局的几年时间里，所里的同事几乎全员投入到地震研究中去。在测地所原来的几个业务方向里，固体潮与地震的主题最为贴近，这方面的研究也因此得到加强。

    担任所长后，在考虑单位的战略布局时，许厚泽意识到，过去的数十年时间里，测地所在重力场和固体潮两个领域打下了坚实的理论基础，与行业内其他研究机构相比，占有相对优势，这一优势必须得到巩固和加强，并长久地保持下去。

    许厚泽果断地将传统的大地测量与我国正大力发展的高空技术结合起来，专注于地球重力场逼近理论与高空赋值的研究，带领团队先后拓展了国际权威比亚哈默理论，改进了全球的地球重力场模型等。他凭借着敏锐的科研眼光，将卫星测高纳入空间大地测量技术的应用范畴，推动了大地测量学与地球物理学、海洋学等学科的交叉发展，增添了大地测量学研究的活力。固体潮研究方面，在许厚泽领导下的测地所，通过与比利时、日本、美国等多个国家的合作，开展了一系列有意义的研究，成果丰硕。现在，测地所已经成长为国际知名的地球潮汐研究机构。许厚泽本人也于2013年4月获得了该领域的最高奖项"国际固体地球潮汐委员会保罗·梅尔基奥尔奖"。

专注于地球重力场逼近理论与高空赋值

自本科毕业起，许厚泽就开始跟着导师方俊做地球投影学、大地主题解算方面的研究，上世纪五十年代末，转向重力学大地测量，并显示出过人的天赋。研究生阶段，在其毕业论文《山区天文重力水准研究》中针对我国重力场与苏联相比的复杂之处，创新了测量的算法和模板，后来，该模板被国家测绘总局列入《重力内业计算细则》。因测地所与钱学森先生的合作，许厚泽与所里的同事分别于"文化大革命"前后，完成了我国第一个顾及重力资料的重力场模型和1°×1°平均重力异常推估方案的构建。他在大地水准面精化、地球重力场模型的研究领域不断深入，创造性地提出了很多独特的破题思路，并得以实践运用。一些研究成果对我国测量事业的发展起到了重要的推动作用。

在大地测量学中，有一个扰动重力的概念，指的是地面或其他天体同一点的实际重力值与该点的正常重力值之差。高空扰动重力位可以通过球外部边值问题的解来近似描述，而关于场的低空细节则必须寻求一种关于外空场的完整表示，其中既含有场的长波长特性，又能反映地面局部地形的不规则效应。具有权威性的比亚哈默（Bjerhammar）理论将问题转变为球外部边值问题，从而用经典的斯托克司积分进行解算。

1984年，许厚泽遵循比亚哈默理论，提出一种新的表示外部扰动位的方法——虚拟单层法，这种方法所提出的解释其实是比亚哈默解的一种变换，在理论上两种解是相等的，但是这种方法还更加实用简单，避免了复杂的斯托克司积分计算，能有效快速地把地表重力场延拓至高空，较之点质量的表示方法，又具有一定的物理意义。扰动位的虚拟单层法与经典单层法的不同之处在于考虑局部地形的效应，在这层意义上，是对经典单层法的推广，也能更加完整地表示地球外部重力场。许厚泽与朱灼文一起将这一研究成果通过论文《地球外部重力场的虚拟单层密度表示》的形式向全世界传播，并得到了国际学术界很高的评价。忠实于科学的瑞典人比亚哈默在给友人的信函中这样赞叹道："这是继我以后又一非常出色的论文。"[①] 随后，由许厚泽、朱灼文、蒋福珍、孟嘉春、操华胜参与的项目"地球重力场逼近理论与高空赋值模式"获得 1987 年国家自然科学奖三等奖。

其实，莫洛坚斯基早在 1945 年和 1948 年，就曾利用格林公式建立确定地球地形表面上扰动位的积分方程。后来，为简化求解过程，他还利用一辅助函数——单层密度，组成单层密度的积分方程，成为近代大地重力学重要的发展。但是，对于直接解莫洛坚斯基提出的地球地形表面上扰动位的积分方程的方法在学界却鲜有讨论。为此，1985 年，许厚泽尝试用莫洛坚斯基的小参数方法进行求解，并发表了论文《莫洛琴斯基的扰动位积分方程解》。[②]

1986 年，许厚泽和蒋福珍、操华胜一起尝试用直接法计算高空扰动重力，对高空重力的三个分量采用地面重力异常进行推算，近区域用积分公式，远区域用重力异常的球函数展示，最终结果即为二者之

图 8-1　许厚泽在四川野外考察（1987 年）

①　潘显章：《他在大地测量学前沿驰骋——记中国科学院院士许厚泽》。见《测绘院士风采》，测绘出版社，2000 年，第 138 页。

②　许厚泽：《莫洛琴斯基的扰动位积分方程解》。《测量与地球物理集刊》（1985）。

和。同时，多极子理论逐渐发展成为一种新的重力场逼近手段。该算法也在地球重力场逼近领域得到应用，核函数随流动点远离计算点衰减快，只需要考虑计算点附近的一个小区域积分的优势，但也由于其强奇异性[1]而存在计算其积分及反求其密度函数比较困难的问题。1987年，许厚泽基于比亚哈默球面模型，从多极子理论的角度，建立比亚哈默球面上的多极子，不但避开了多极子的强奇异性，还保持了多极子随积分半径衰减快的优点。许厚泽和朱灼文、张刚鹏还建立了利用最小二乘模式而得出的比亚哈默球面上多极子的平面近似解法，使其能够解算出大区域的多极子密度函数。从多极子理论改进比亚哈默球面模型，使比亚哈默理论的适用范围得到了拓展。

随着卫星重力技术的迅速发展，全球重力数据的积累日益丰富，用球谐系数表示地球重力场模型的研究正向高阶次发展。但是，全球的地球重力场模型都没有顾及我国的实测资料。为使我国的重力资料能够迅速对国际上提出的新模型做出跟踪修正，1991年，许厚泽提出了一种利用局部重力场资料修正高阶地球重力场位系数的简便方法，还以我国重力资料修正OSU89A及OSU89B模型[2]作为实例，给出了包括大气、椭球等项改正的修正公式，清晰地演示了利用我国局部重力资料改善模型精度的详细过程[3]。许厚泽还形象地将这一剪裁的方法比喻成"裁减衣服"，计算起来非常简单。

1994年，他指导在读博士生陆洋研究区域高阶重力场模型，使高阶全球模型更好地适用于局部地区，并利用青藏高原的地面重力资料修正原始全球模型OSU91A1F的高阶部分系数，获得该地区的局部重力场模型QZ93G（完整到360阶）。自此，许厚泽及其团队逐步深入研究陆海局部重力场模型问题，提出了测高－重力混合边值问题的局部裁解法，依此算法得到的陆海局部重力场模型能够很好地表示陆地区域的大地水准面起伏

---

[1] 从数学角度来说，奇异性是指函数的不连续或导数不存在。

[2] 1986年，由美国俄亥俄州立大学推出的全球重力场模型。

[3] 许厚泽：《利用局部重力资料改善高阶地球重力场模型》。见《动力大地测量学进展》，地震出版社，1991年。

和重力异常以及海洋区域的大地水准面起伏。

确定大地水准面及地表重力异常是大地测量最基本的任务，随着空间大地测量技术的高精度发展，大地测量学的发展方向向地球科学深层次推进。重力垂线偏差一般是按照维宁·曼尼兹公式通过待算点周围的重力异常值用数值积分的方法计算得到的，但是这种方法需要大量的重力资料，计算任务繁重，尤其是对于海洋地区的局限性更加明显。由于卫星测高技术的发展，以米级的精度获得全球整个大洋的大地水准面起伏图已经成功实现，因此，反过来利用高程异常估算垂线偏差及重力异常值是可行的。1982 年，许厚泽与同事蒋福珍、张赤军一起，利用卫星测高资料对洋区的垂线偏差和重力异常进行估算。他们使用了两种方法，一种是最小二乘拟合法，把高程异常展开成一多项式级数，然后按照微分关系式及斯托克司反解公式求出所需的垂线偏差及重力异常值；另一种方法是最小二乘拟推法，其中所需的协方差函数[①]由选定的不同类型的洋区资料统计得出，这种方法的优点在于能够使用不同类的量来推估，从而能够有效利用各种获得的资料。他们选取了南太平洋海区、北海海区进行计算，发现最小二乘拟合法比较简单，计算速率快，并且只需要知道高程异常即可。而最小二乘拟推法在理论上是严密的，但能否精确地确定协方差函数还需进一步研究。

将卫星测高技术应用于大地测量

随着海洋卫星测高的发展，海洋卫星测高在研究地球物理学和海洋学等方面已经显示出巨大的潜力，包括我国在内的许多国家组织，已将卫星测高列入计划中。二十世纪九十年代，欧洲航天局及美、日、法等国相继发射有测高仪的 ERS-2、GEO、ARISTOLES、POEM、MOS-2 等卫

---

① 在概率论和统计学中，协方差是一种两个变量如何相关变化的度量，而协方差函数，描述一个随机过程或随机场中的空间上的协方差。

星，鉴于这种国际形势，许厚泽认为在二十世纪末必将形成卫星测高史上的高潮。那么，卫星测高主要可以运用于大地测量学哪些方面呢？许厚泽关注国外研究动态，准确把握国际前沿研究，他从三个方面进行论证。首先，可以应用于确定海洋大地水准面起伏和重力异常。有关这方面的研究，二十世纪八九十年代就已成为国外学者的研究重点，也引起我国学者的重视。其次，适用于海洋与基地环境监测。人类环境监测已成为现代大地测量研究发展内容之一，卫星测高技术在防灾减灾以及环境监测、评价等领域发挥着日益重要的作用。譬如，利用卫星测高提供的海平面高度数据可直接监测洋区海平面高度变化，通过卫星测高技术能够探测和研究海洋的边界和动态性能等，使用卫星测高共线轨迹的数据还可以监测厄尔尼诺现象，卫星测高还可以提供关于洋区风速分布、海面有效波高分布以及它们的变化迁移情况，也对研究极区冰层厚度、性质及其变化等具有重要意义，特别是南极冰盖厚度的变化将是研究全球变化中一项重要的基础数据。最后，能够监测和解释海洋地球动力学现象。卫星测高为探索地球深部结构和动力学过程提供丰富、准确的信息，譬如，卫星测高提供的高精度和范围广阔的洋区大地水准面，反映了地球内部物质与运动的物理特性；根据卫星测高数据计算大地水准面和重力异常的精细结构，进而反演地球深部构造、地幔对流及板块运动等。

卫星测高有关研究在我国开始于二十世纪八十年代初，且主要在理论上探讨和研究卫星测高技术，在我国大地测量研究中的应用范围和深度还比较有限，与国外卫星测高发展水平存在一定的差距。1996 年，许厚泽结合我国实际情况，提出我国卫星测高研究的主要目标是建立我国独立的卫星测高数据处理系统，国家建设和科技发展计划提供了海洋测绘保障及参考基础。许厚泽站在大地测量学与地球物理学交叉渗透的角度，提出当时和今后一个时期的主要任务是以下几方面[1]：

（1）我国已制订发射载有雷达测高仪的空间计划，因此，测高卫

① 许厚泽、陆洋：《卫星测高在我国大地测量学中的应用前景》，《地球科学进展》，1996 年第 4 期，第 11–16 页。

星的数据处理将是今后卫星测高应用的首要问题，其中主要是由原始测高数据形成大地测量等数据系统，以供海洋大地测量学、海洋地球物理学、海洋学等研究和应用。

（2）精化我国海域内地球重力场，主要包括：第一，精化海区大地水准面，建立具有厘米级精度和十千米左右分辨率的大地水准面。第二，是改善海区重力值的分布范围及提高平均重力异常精度。第三是海区格网重力异常图编制，高分辨率的格网重力异常图不仅是精化我国地球重力场模型的重要基础，而且对于发现海洋厚的沉积积累很有价值，可为石油勘探提供重要参考。

（3）我国高程基准有关问题的研究，结合沿海验潮站的验潮资料确定我国垂直基准及其与全球基准的关系。

（4）海洋环境监测，主要任务包括：第一，确定海面地形及其变化，以充分认识洋流、潮汐和环流模式等海洋动力学现象。第二，监测海域及沿海各地的平均海水面的升降运动。这一任务将为海洋动力学研究等提供科学依据，同时对于我国沿海经济发展和开发海洋资源以及航运业、渔业等的发展均有重要参考价值。

（5）测绘无图海域，主要包括海洋测深预报和地壳构造特征探测，我国海域辽阔，船舶测深无法覆盖全部海域，因此这一工作对于海洋测绘将起重要作用。

（6）海洋岩石圈研究，主要包括海洋岩石圈厚度、弯曲特性、岩石圈刚度、小尺度地幔对流以及板块运动等研究内容。

通过一步步实施这些研究任务，大地测量学逐渐与地球科学多个分支互相交叉渗透，其学科性质也逐步从工程应用为主转向地球科学的基础性科学。而这正是许厚泽关注和研究卫星测高的初衷。

1999 年，许厚泽带领同事王海瑛、陆洋、王广运，利用卫星测高数据推求中国近海及邻域大地水准面起伏和重力异常。中国近海及邻域是一个具有复杂地形和地质构造的区域，它位于欧亚板块、太平洋板块和澳大利亚板块的交汇地带，受西北太平洋海洋环境的控制。当时，对该海域的大地水准面和重力异常研究基本上沿用传统的船测方法和沿海水准及验潮方法，存在测量重复周期长、研究范围有限的问题。而在大地水准面的确定中，中短波长的海面地形分量可以通过将卫星重复"共线"轨迹平均的方法扣除，长波部分则通过海洋学方法求定。然后，在扣除海面地形影响后，就可以得到10厘米精度量级的大地水准面，为从大地水准面中恢复重力异常提供良好基础。因此，许厚泽想到利用卫星测高数据，对中国近海及邻域内四年（1992年10月3日至1996年10月9日）的T/P卫星测高数据和一年多（1992年10月23日至1994年1月20日）的ERS-1卫星测高数据进行预处理，以提高测高数据的精度。由于观测数据量巨大，为获得一个平均海平面，他们首先对原始测高数据进行"共线"处理。使用这种方法，可以压缩原始测高数据量，抑制和减小各种海面的时变因素影响以及中短波长的海面地形影响，降低随机噪声，进而提高测高数据的精度。此外，这种方法还方便他们后期的计算，因为"共线"处理后的测高数据过滤掉了高频分量，具有与大地水准面模型大致相同的空间分辨率。这种"共线"处理方法的有效性最后也得到了证实。在扣除海面地形影响后，他们即可从平均海平面中得到该海域 $30' \times 30'$ 大地水准面起伏。然后，他们再分别采用斯托克司公式逆运算加FFT技术[①]和最小二乘配置法恢复出该海域 $30' \times 30'$ 海洋重力异常。追求严谨的许厚泽，还进一步验证这两种算法的精度。结果证明，这两种计算方法所达到的精度相差不大，均优于 $5 \times 10^{-5} \text{m/s}^2$。与全球大地水准面模型OSU91A模型相比，他们所得到的测高大地水准面更能反映中国近海及邻域的实际情况，所达到的精度满足当时大地测量学、地球物理学和海洋学研究的精度要求。

2006年，许厚泽回顾了他参加重力研究的工作：新中国成立以来，国家重力网经历了"57网""85网""2000网"三代发展；我国大地水准面的确定经历近半个世纪的发展逐步走向精细化；地球重力场模型是当前诸多学科和领域的共同需求，基础资料也是国际研究的热点之一；我国卫星

---

① FFT（fast Fourier transform）是一种离散傅氏变换的高效算法，称为快速傅立叶变换，它是根据离散傅氏变换的奇、偶、虚、实等特性，对离散傅立叶变换的算法进行改进获得的。

重力测量的应用与研究重点；地球重力学理论研究在局部重力场逼近研究中的解析方法、逼近截断理论等方面的进展，并认为，地球重力学发展态势好，卫星重力测量研究方兴未艾。

许厚泽也一直希望大地测量学界能够渗透到地球物理学、海洋学等交叉学科，从而拓宽研究的深度和广度。2009 年 11 月，许厚泽在香港理工大学所作关于全球环境变化的空间大地测量探测的报告中，就满怀希望地对中国空间大地测量探测技术和研究提出了展望，从卫星大地测量探测技术包括传统大地测量与现代大地测量的对比、GPS 全球定位系统的组成、定位原理、卫星测高的意义、卫星重力的作用、全球环境变化的空间大地测量监测等方面论证卫星重力研究的重要意义。

在卫星测高及卫星重力测量研究前沿领域，许厚泽一直有意带领学生及其同事一同研究，挖掘他们的科研潜力，希望为大地测量学创新蓬勃发展注入新鲜血液和活力。许厚泽带领学生及时抓住这一机遇，坚持理论方法创新与技术集成应用相结合，并通过顶层设计和需求论证，对我国重力卫星的重力反演理论、方法、关键技术和科学应用等方面进行了深入细致地研究。由于国际上开拓的一系列精密重力测量新技术，包括重力卫星、超导重力仪、冷原子干涉重力仪、航空重力梯度仪等，对我国都是全封锁的，除超导重力仪外也没有商品提供。因此许厚泽提出，我国必须紧跟国际发展前沿，自主创新发展自己的系统，其中建立精密重力测量基础设施则是首要、关键的一步。为实现我国自主重力卫星计划，许厚泽和弟子罗俊一起积极推进"精密重力测量研究设施"国家重大科技基础设施项目，这一项目也于 2015 年上半年获得国家发展改革委批准建设。"精密重力测量研究设施"建成运行后，将成为全球规模最大、技术最先进的精密重力测量科学中心之一，为我国地球科学基础研究及精密重力仪器研制、测量与应用研究提供必要实验条件，满足我国地质调查、资源勘探、国家安全等对重力数据和重力基准的战略需求，为建设国家科技创新中心和创新体系奠定坚实基础。

在固体地球潮汐研究的国际前沿

二十世纪七十年代，许厚泽开始从事地球潮汐的研究，他立足中国，紧贴国际，通过引进先进仪器，开展国际合作等措施，在国内地球潮汐研究几乎空白的状态下完成了观测基站的搭建，结合观测数据及我国的大地结构特征对各种精密天文、大地及地球物理（重力、倾斜、应变）的潮汐模型进行了修正，带领中国固体地球潮汐研究步入国际行列。在他的推动下，中国科学院测量与地球物理研究所先后与比、法、德、英、美、日、意、俄等十几个国家展开合作，于超导重力观测研究地球液核近周日共振、地球固态内核平动振荡以及检测大地震激发的地球自由振荡导致的谱峰分裂现象等方面取得了一系列的研究成果。

1983 年，许厚泽对国际地球自转联测（Merit 计划）中的潮汐改正问题进行综合评论和说明，为潮汐改正问题提供了理论支撑。如果对潮汐进行负荷改正，就会出现由于采用不同地球模型和等潮图不精确等所引起的误差问题。因此，1983 年许厚泽和毛伟健二人一同着手对重力观测中负荷改正的精度进行估计，分析不同地球模型、潮高误差对重力负荷改正的影响。1987 年，许厚泽继续对重力负荷改正的误差估计进行深入研究，提出褶积和潮高的球函数展开相结合的联合求算法，估计重力负荷改正的精度，这一

图 8-2　许厚泽在万隆参加第十届京都大学国际研讨会（2007 年 7 月）

研究视角和研究成果在国际上并不多见。[①] 许厚泽关于潮汐改正的研究，为提高重力潮汐观测及其结果分析的准确性、可靠性做出了重要贡献。

随着固体潮汐理论研究的进展，国际上关于体潮理论模型研究也逐渐丰富。但由于这些模型缺乏中国近海观测资料，因此，利用实际观测来检验这些理论模型是必要的。为检验现有海潮模型的可靠性和体潮理论模型的合理性，许厚泽带领学生毛慧琴及宋兴黎、陈振邦等同事于 1981 年至 1985 年沿北纬 30° 敷设了一条贯穿中国大陆的东西重力潮汐剖面，东起沿海城市上海，西至西藏高原拉萨，包括上海、合肥、武汉、万县、成都、拉萨六个观测点。为提高检验结果的准确性，需要较高的潮汐观测精度。为此，一向追求科学严谨的许厚泽及其团队为解决仪器格值的可靠性、仪器灵敏度的稳定性以及海洋负荷潮汐的影响等问题，还专门做了检验和研究。[②] 除了建立横贯中国大陆的东西重力潮汐剖面，许厚泽还带领中国科学院测量与地球物理研究所的同志，与比利时、德国和英国等国家展开广泛合作，建立了南北沿海重力固体潮剖面、南极长城和中山永久重力潮汐观测站。

随着重力仪精度的提高，利用高精度重力测量和地球形变测量技术研究地球的运动和动力学机制已成为当今世界大地测量的研究热点。其中，获得第一手高精度重力测量资料，特别是全球大范围内随时间变化的重力测量数据是关键。为此，国际大地测量和地球物理联合会（IUGG）下属的地球深部研究小组组织实施了全球地球动力学研究计划（GGP），利用全球十九台超导重力仪长期、连续、稳定和同步观测资料，采用相同的数据采集格式和分析软件研究地球动力学问题。该项目利用当时的各国超导重力仪组成全球性观测网络，对数据进行统一格式采集，对资料进行统一分析处理，精密检测地球重力场短期（周期为几秒）和长期（周期为几年）变化。

---

① 刘岩松、马玲、舒鹏：《呕心沥血地球探秘，风雨兼程终生无悔——记我国大地测量与地球物理学家许厚泽院士》，《海峡科技与产业》，2016 年第 9 期，第 5 页。

② 毛慧琴、许厚泽、宋兴黎、陈振邦：《中国东西重力潮汐剖面》，《地球物理学报》，1989 年第 1 期，第 62—69 页。

为加入 GGP 计划，促进全球地球动力学的发展，1994 年 6 月 16 日，许厚泽特意写信给中国科学院自然与社会协调发展局刘安国局长，向其汇报武汉中国科学院测量与地球物理研究所的超导重力仪参与 GGP 的计划，并表示 GGP 计划的完成将对地球内部物理的基础研究提供极其重要的实验数据：

> 经过近三年的筹备，GGP 计划将在 1995 年 7 月开始实施。届时，将有十余台超导重力仪采用全样规范进行为期六年的连续观测。这些仪器分布在美国、加拿大、比利时、法国、德国、芬兰、南极（日本昭和站）、日本及中国。我所的超导重力仪（我国唯一的一台）也将参与此计划，有关详情见附一。GGP 计划的完成将对地球内部物理的基础研究提供极其重要的实验数据。这一计划已为 IUGG 下的 SEDI、IAG、IASPEI 等国际组织所高度重视。今年三月在卢森堡的"欧洲地球动力学"学术会上曾详细作了讨论，并在今年一系列国际会议上还将进一步完善，见附二。最近，GGP 计划主持人、加拿大 McGill 大学地球与行星科学系教授 D. Cnossley 给光召院长写信，希望我院支持这一项目，积极按期完成武汉

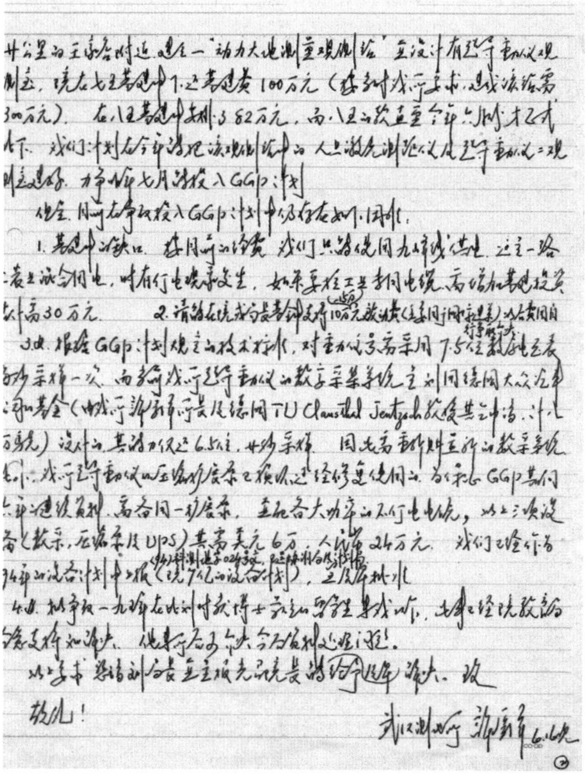

图 8-3　许厚泽汇报 GGP 计划有关情况致刘安国局长的信

超导重力仪的迁址。[1]

按计划，自 1997 年起，该项目拟进行周期为六年的连续观测，进而为解释重要自然现象做出重要贡献。许厚泽将这些问题归结为：① 在地球内核中是否存在内重力波（如果液态地核呈中性成层分布），在地球表面可检测到的重力效应如何；② 全球性大气压力变化及其质量分布对固体地球重力场的影响是什么；③ 通过对全球各地的潮汐资料分析，是否可在地球表面精确测定地球近周日自由晃动；④ 海洋负荷变化对重力场观测的影响如何；⑤ 在地震过程，构造运动、海平面变化、冰后回弹过程中伴随着什么样的重力场变化；⑥ 在地球表面，是否可检测到地球自由振荡的重力信息。

在许厚泽的带领下，武汉台站成为 GGP 观测网络中亚洲地区的重要台站。许厚泽和孙和平一起，利用武汉台站观测资料对地球潮汐常数、大气和海洋潮汐信号、地球自由核章动参数以及地球自由振荡等内容进行了深入研究。在获得高精度固体地球潮汐常数之前，许厚泽首先对原始记录进行预处理，以提高观测数据的精度。预处理的过程包括：在不破坏原始重力潮汐信号的前提下，剔除混合在记录中的诸如尖峰、突跳和掉格等错误数据以及由地震引起的干扰信号。由于断电和地震等因素会导致记录中断，解决此类问题是基于潮汐模拟信号实施插值。在原始重力潮汐观测中扣除理论潮汐信号，获得观测残差系列，对残差进行修正后再作恢复处理，最后获得经各种干扰改正后的潮汐观测数据。在完成数据预处理后，许厚泽和孙和平采取国际上推荐的经典的固体潮观测资料分析方法，根据潮汐波[2] 不同的角频率特征和特定的奇偶带通滤波器性质，滤掉观测资料中的漂移项后，再将日波、半日波和三分之一日波等波群从潮汐观测中分离开来。然后利用经典的最小二乘法解算相应的潮汐观测方程，并求得各

---

① 许厚泽：《许厚泽致中国科学院自然与社会协调发展局刘安国局长关于 GGP（全球地球动力学研究）计划和"动力大地测量试验台站"的汇报》。信件，1994 年 6 月 16 日，第 1 页。

② 潮汐波是指由太阳、月球及其他天体的引潮力作用而产生潮汐现象所产生的地球表面的周期性波动。

波群的振幅因子和相位滞后值潮汐参数以及各波群误差估计值。在数据分析中，他们还使用了由国际地球潮汐委员会推荐的日本京都大学 Tamura 提供的有 1200 个潮汐分波组成的高精度引潮位展开数值表。通过分析武汉长超导重力仪观测潮汐分析结果经海潮改正前后的观测残差和潮汐参数，他们认为经海潮改正后的重力潮汐振幅因子更接近于理论地球潮汐模型。

随着 GGP 项目的实施和国际合作的深入，当时国际上已经积累了 GGP 观测期间各台站超导重力仪的长期观测资料，为研究和检测全球地球动力学效应奠定了重要基础。在对这些观测资料研究基础之上，许厚泽与同事周江存、徐建桥、柳林涛一同将关于引潮位及固体潮汐形变、潮汐理论模型、负荷潮汐理论、固体潮观测技术及结果、地球潮汐的调和分析、海洋及大气负荷的潮汐形变、潮汐形变与地球自转、地潮与人造卫星、冰川均衡调整、地球自由振荡及近周日自由摆动的研究成果著成《固体地球潮汐》一书。许厚泽负责固体地球潮汐、引潮位的内涵、引潮位的杜德森展开、平衡潮、勒夫数及地球的潮汐形变、引潮位及其分量的计算、近代引潮位展开的研究进行阐述，最后由他审定全书。

随着固体潮观测资料的丰富，许厚泽认为还可以在全球高精度重力潮汐实测模型、采用高精度频谱分析方法研究和检测包括球型振荡和液核长周期振荡在内的地球简正模、大气和海洋负荷与重力场之间的相互作用及耦合机制、地球的自转变化、地震和构造活动及海平面变化等方面深入研究，为其他学者指明研究方向。

许厚泽为固体潮研究呕心沥血数十载，在他的领导下，中国科学院测量与地球物理研究所逐渐形成为国际知名的大地测量与固体地球潮汐研究中心，他本人也成为国际同行领域的著名学者，曾担任国际地球潮汐委员会主席，国际重力委员会副主席和国际固体潮汐研究中心执委会委员，同时，作为国际地球动力学合作观测与研究项目"GGP 计划"的倡导者之一，对国际大地测量与固体地球潮汐研究做出了突出贡献。2013 年 4 月 15 日至 19 日在波兰华沙召开的第十七届国际地球潮汐会议上，许厚泽院士在美国、日本、德国、比利时和中国等同行专家推荐下获得该领域最高奖项"国际固体地球潮汐委员会保罗·梅尔基奥尔奖"。奖项以 IUGG 前总秘书长、比利时皇家天文台台长、著名的国际地球物理学家梅尔基奥尔命名，奖励给全球在固体地球潮汐领域有卓越贡献的科学家。该奖项设立于2000年，每四年颁发一次，2013年是该奖项的第四次颁奖，许厚泽是全球获得该奖项的第五位科学家。

图 8-4　许厚泽（右二）获"国际固体地球潮汐委员会保罗·梅尔基奥尔奖"

第九章
在大地测量与地球动力学的交叉地带

早在方俊任地球物理研究所所长的时候，就意识到测地所的发展面临着两难的困境。从当时研究所的研究内容和方向来看，若单朝测绘方向发展，则与国家测绘系统存在着科研内容的重叠，浪费国家可贵的科研资源；而传统的大地测量学在地球物理研究中所占比重又很轻，如果朝着这一方向发展很难站稳脚跟。许厚泽从七十年代开始涉足地球潮汐的研究，在这一过程中，他越来越清晰地认识到，学科交叉是研究所的出路。他以地球

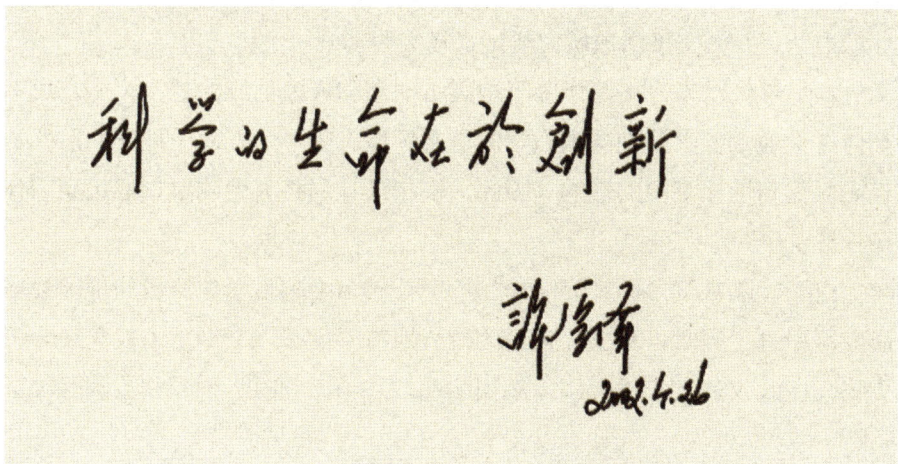

图 9-1　许厚泽手迹：科学的生命在于创新

潮汐研究为桥梁，开辟了"动力大地测量学"这一新的研究领域，将大地测量深度应用于地球内部物理研究，在学科交融方面进行了大胆的探索。除此之外，许厚泽针对我国地震灾害频发的现象，还积极倡导大地测量与地震学的交叉，建议推动"地震大地测量"这一新的研究领域和方向的发展。测地所在他的领导和方先生的指导下，进入了快速发展阶段，走出了一条独具特色的道路，研究成果也已经应用到经济社会的各个领域。可以这样说，国内在大地测量与地球物理的交叉融合方面，测地所是做得很有特色、很有成效的，这方面，许厚泽起到了很突出的作用。[①]

以地球潮汐研究为桥梁

七十年代，由于邢台地震对我国国民的人身及财产安全造成了极大的危害，中国科学院将研究重心转向地震工作，开始有计划、有组织地展开探索重力场的时间变化与地震预报关系的研究，中国科学院测量与地球物理研究所也于 1970 年改为武汉地震大队，划归国家地震局领导。许厚泽在参与利用重力和潮汐分析预报地震的工作过程中，虚心地向梅世蓉、马宗晋学习了大量的地震学、地质学、地球物理学知识，为大地测量学与地球动力学之间的交叉渗透研究奠定了坚实的基础。

八十年代以来，许厚泽鉴于地震给国家和人民造成的危害，一直思考如何在大地测量学和地球动力学的交叉领域有所作为。由于地震的前兆资料明显受到地球潮汐的影响，因此，许厚泽计划将大地测量学运用到固体潮汐形变研究中。

在固体潮观测方面，许厚泽在八十年代为中国科学院测量与地球物理研究所引进了当时世界上最先进的拉科斯特 G 型及 ET 型重力仪和超导重力仪，在武汉建立起重力固体潮观测站，并与比利时、德国和英国等国家

---

① 《宁津生院士：与许院士学业同窗，事业同路》。《定位》，2014 年第 2 期，第 41 页。

开展固体潮合作，建立了横贯中国大陆的东西重力潮汐剖面、南北沿海重力固体潮剖面、南极长城和中山永久重力潮汐观测站，建立了武汉国际重力潮汐基准。在此期间，为了地震监

图 9-2　许厚泽（右一）与德国波恩大学教授 Jentgsdn 夫妇

测与防震减灾，国家地震局下属的各研究机构，陆续在中国大陆建立了一个庞大的观测网络，以开展重力、倾斜和应变等长期连续观测工作。随着国家重大科学工程"中国大陆构造环境观测网络"的实施，建立了覆盖中国大陆的重力连续变化观测网络，包括拉萨和武汉超导重力观测站在内的六十个连续重力观测站，这些观测站还同时配备了 GPS 和气象观测设施，为固体潮及相关领域的研究，比如地球物理学、大地测量学和天文学等相关领域，奠定了坚实的基础。1997 年，许厚泽带领中国科学院测量与地球物理研究所加入 GGP 计划，为国际固体潮研究共享全球固体潮观测数据。

在固体潮理论研究方面，从 1972 年起，许厚泽开始研究地球的潮汐形变、引潮位的分量计算、潮汐应变的理论模型、地球潮汐的调和分析、海洋及大气负荷的潮汐形变、地球自由振荡及近周日摆动等方面。有关固体潮的这些研究，都离不开对地球的周期性现象及引力位变化的测量，而测量这些形变量正是传统大地测量学的任务。潮汐理论的研究，一方面需要对这些测量数据进行处理，另一方面又需要从观测数据中找到理论的不足，对观测结果做出地球物理方面的解释。因此，潮汐理论的研究不仅需要大地测量提供观测数据，还需要地球物理的知识，架起了联系大地测量学和地球动力学的桥梁。测量地面某一点日、月潮汐和海潮负荷产生的形变量，并找出产生形变的原因，成为动力大地测量学研究的重要内容。

动力大地测量学的诞生

传统的大地测量学被定义为"测绘地球表面的科学"，是一种纯几何大地测量学。它是研究绝对静止状态下的地球表面点定位置的欧几里得几何的度量，其主要任务是提供地球表面的几何信息，即地表本身的几何描述和位置以及静态地球的形状、大小和重力场，为水利、农田、勘探、交通、工程等人类实践活动服务。随着科学的发展，这门纯几何性的应用学科与力学交叉，提供刚性均匀旋转地球的形状、大小和重力场，为其他学科研究服务。由于这种刚体模式地球的精度相当精确，能够达到10^{-6}的精度或更高，而地球的动态变化远小于这一精度。因此，传统大地测量学的刚体力学观念一直持续至二十世纪五十年代末，没有受到其他学科的冲击。

随着现代重力测量技术和空间测量技术的进步，到二十世纪六十年代，新的测量技术终于可以达到高于10^{-6}的精度，这意味着绝对位置的精度可以达到厘米级，精度的提高对地球动力效应有着显著的影响。八十年代中后期，随着高精度空间大地测量技术和高精度地面重力观测技术的快速发展，不仅能够实现以毫米级的精度精确测定地面和空间的位置及地球形状，还能测定出随时间变化地球的整体和局部运动以及地球内部多种动力学过程，比如板块运动、地壳形变、构造和地震活动等。许厚泽觉察到，这种变化，可以为从动力学角度开展地球科学中与大地测量学有关的内部动力学问题以及地球和空间环境变化等研究提供必要的条件。他也敏锐地感觉到大地测量的技术发展与进步意味着传统静态地球概念受到严峻挑战，传统大地测量学已不能满足要求。于是，他开始思考我国大地测量学科发展研究的新思路，通过大地测量学与地球物理学、天文学等学科的交叉，形成新的学科，使大地测量研究朝着更深层次和更高水平的方向发展。为此，许厚泽提出在我国建立一个新兴前沿学科动力大地测量学，其基本任务是用大地测量方法、地球物理方法和天体测量方法研究地球的动力学现象以及它们的地球物理解释和地质机制。

八十年代的中国科学院测量与地球物理研究所还是在夹缝中求生存，许厚泽不仅用战略、创新和交叉的思维要求自己，还积极动员中国科学院测量与地球物理研究所的同志将研究对象延拓至地球动力学及地球内部物理等领域，用大地测量学的观测研究和理论思想去研究与此相关的交叉学科问题。在大地测量与地球动力学的交叉领域，许厚泽也一直都走在国际前沿。1971年，构建了我国第一个顾及重力资料的重力场模型；1978年，在国内首先发展了一种简便的重力潮汐理论值算法并作了推广使用；1981年，构建了我国1°×1°平均重力异常推估方案；1982年，率先研究了海洋负荷改正所达到的精度问题；1984年，在国际上，首次建立了一种新的表示地球外部扰动位的方法——虚拟单层法，并拓展了国际权威比亚哈默理论；1990年，从对现代板块运动和地壳形变研究的贡献、地球动力学、固体潮汐、全球引力模型、建立参考坐标系、反演和探索地球内部构造等

图9-3 许厚泽被聘为中国科学院上海天文台天文地球动力学研究中心顾问
（2004年4月27日）

方面分析动力大地测量学的研究进展，为学界提供大地测量应用于地球内部物理研究的方向；1994年，用1982年至1992年成都－拉萨非潮汐重复重力测量数据推算出了青藏高原隆升的速率。在引领中国科学院测量与地球物理研究所同志走向交叉领域研究方面，许厚泽先后与比、法、德、英、美、日、意、俄等十几个国家开展了广泛的国际合作，引进了国际高精度的重力潮汐观测仪器，建立了重力潮汐观测站，并积极带领中国科学院测量与地球物理研究所加入GGP计划，使中国固体地球潮汐研究步入了国际行列；先后与德、比、美、加、英、日等二十多个研究所和大学建立合作关系，采取"走出去""请进来"等办法加强学科交流，使一大批中青年科技骨干在大地测量、地球物理、固体潮汐、空间技术等交叉学科领域脱颖而出。他的这些创新性的研究思想和实践，为我国新兴的动力大地测量学科的定义和研究发展做出了前瞻性和系统性的贡献，同时，也把中国科学院测量与地球物理研究所的研究重点领域转向了学科研究的最前沿。

大地测量应用于地球内部物理研究

地球内部物理状态，特别是其密度、弹性、黏滞度及侧向不均匀等性质的研究，通常可以通过地球对不同频率作用力的响应来反演。目前可获得的资料及涉及的频段有：地震波、自由振荡、潮汐形变、地极的张德勒摆动[①]、冰后回升运动以及地幔对流等，包括从很高频到极缓慢的力的响应。近几十年来，由于空间技术的发展，大地测量工作已有可能测量出许多有效的反映上述现象的地面观测数据。1990年，许厚泽提出有些地面观

---

① 1891年，美国张德勒分析了1837年至1891年世界上十七家天文台的三万多次纬度观测结果，发现极移有两个周期运动：一个周期为四百二十七天（近于十四个月）的自由摆动，另一个周期为一年的受迫摆动。其中周期近于十四个月的地极自由摆动称为张德勒摆动，相应的周期称为张德勒周期。

测数据能够帮助人类认识地球内部物理性质，这些数据包括：板块运动的速率与方向、张德勒摆动的周期及其 Q 值、地球形状及其变化、地球潮汐形变、大地水准面起伏、长波长地球重力场、海平面的相对变化、潮汐摩擦导致的能量耗散等。

进一步地，许厚泽认为可以在以下领域应用大地测量资料研究地球内部物理性质。首先，大地测量可以应用于研究地球的冰后回升运动与黏滞性。在冰盖消融过程中，由于地球的滞弹性特征，地球将表现出冰后的均衡调整，并在冰后均衡调整过程中出现一系列地面上可观测到的信息，这些信息都与地幔的黏滞特性密切相关。而这些信息都已由现代的大地测量技术精密测定出来。其次，大地水准面异常可以反映驱动地幔对流的深部密度异常。大地水准面是地球内部物质分布及运动在地表上的表现，它与地球的扰动引力场紧密相关。现代空间大地测量技术已能十分精确地测定出大地水准面的中长波长结构。从大地水准面的谱分析来看，低阶项主要反映下地幔及核幔起伏的影响，中阶分量表征了上地幔的属性，而高阶起伏则源于更浅部的作用，特别是被补偿的地形的作用。最后，利用大地测量技术求得具液核地球近周日自由摆动。近周日自由摆动是指，在地球的自转运动中，由于具有椭球核幔边界和液核的存在，核幔之间的耦合将导致除去张德勒摆动外还出现第二种旋转运动的特征模，这一模描述为瞬时旋转轴相对于形状轴的逆旋转，在地固系中，其特征周期接近于一恒星日。另一方面，这一模包含瞬时旋转轴相对于角动量轴的运动，这就是伴随的自由核章动[①]，其振幅比摆动大四百六十倍并且从惯性空间看，其理论周期约四百六十恒星日。近年来，由空间对地观测技术台站 VLBI 及超导重力仪观测可以得到地球近周日摆动的频率，有效地制约了核幔扁率。

---

① 地球液核的自由核章动是地球内部动力学过程的重要表征，其包含的物理信息可为核幔边界结构提供非常重要的约束。

率先用重力方法检测青藏高原隆升速率

　　印度次大陆与欧亚大陆的碰撞、青藏高原的隆升和喜马拉雅山系的形成无疑是亚洲新生代地球科学史上最伟大的事件，青藏高原的演化和隆升机制一直是国际地球科学研究的中心和热点。随着现代空间大地测量技术的高速发展，多项大地测量观测计划相继在青藏高原实施，比如在青藏高原进行了多项 GPS 监测计划，建立了多个 GPS 区域监测网，并进行了多期的 GPS 连续观测。青藏高原的大地测量学研究出现前所未有的发展，对深入研究高原深部结构及隆升的各个方面起到非常重要的推动作用。

　　许厚泽在科学研究方面一直跟随国际发展前沿，积极把握国外最新研究方向。许厚泽发现，早在二十世纪六十年代，日本、加拿大、美国、苏联等国家就已经进行重复重力测量的实验研究工作。重复重力测量成为研究重力非潮汐变化的重要手段。这些国家的重力测网和水准测网重合，重复重力测量和重复水准测量同时进行，通过重力测量和垂直位移的振幅比，探测深部构造活动的信息。随着重力测量精度的提高，许厚泽认为重复重力测量可以成为一种成果显著、资源耗费少的探测地壳形变的手段。

　　为探测青藏高原隆升速率，中国科学院测量与地球物理研究所自 1982 年以来，每隔一两年进行一次成都－拉萨的非潮汐重力联测。随着观测的深入，得到大量的关于青藏高原大地测量基础观测资料，为揭示青藏高原隆升及构造演化的主要特征提供重要的基础观测资料。由于身体的原因，许厚泽没有亲自到青藏考察，中国科学院测量与地球物理研究所的郝兴华、吕纯操、宋兴黎、倪志宏等参与了这项外出考察工作。作为大地测量学和地球物理学传统方法之一的重力学方法，在青藏高原构造运动和隆升进程的研究中发挥着重要作用。一方面，测定重力的时间变化对于研究高原现代地壳垂直运动和高原隆升具有重要意义；另一方面，重力信息对了解青藏高原下地幔一级流变反差特别重要，进而可以帮助研究圈定高原现代等温线和地幔的流动形式。许厚泽就利用这些重复重力观测结果及干扰容膨胀源[①]的地面重力变化与真重力垂直位移梯度，率先开展了用重力方法检测青藏高原隆升的研究，初步推算出了青藏高原垂直位移速率，这一结果与马杏恒等人编著的《中国岩石圈地图集》中现代地壳垂直形变速率图幅上的结果基本一致。[②]

为拓宽中国科学院测量与地球物理研究所的研究领域，许厚泽带领中国科学院测量与地球物理研究所先后承担中国科学院"八五"重点项目"青藏地区现代地壳运动及动力学机制"、中国科学院"九五"重点项目"中国大陆重力场非潮汐变化的动力学机制"等国家自然科学基金项目，从动力大地测量的角度对青藏高原的构造演化及其动力学过程进行研究，用绝对重力观测方法检测青藏高原隆升以及发现云南丽江地震同震形变产生的重力变化，并与中国科学院测量与地球物理研究所的同志将这一系列的研究成果以专著《青藏高原的大地测量研究》于 2001 年出版。他们分章完成专著的写作，许厚泽首先介绍了二十世纪九十年代以来中外用 GPS 观测手段在青藏高原开展的青藏高原地壳运动监测及观测结果，也对中国科学院测量与地球物理研究所用相对和绝对重力测量方法所获得的高原重力场的非潮汐变化进行了分析，其次重点论述了由 GPS 和重力测量结果所获得的青藏高原不同构造块体的现代地壳运动以及青藏高原大地水准面的基本特征及其内部构造的关系，对大地水准面进行了理论数值模拟，计算了均衡参差大地水准面，最后以青藏高原的大地测量观测作为约束，探讨了岩石圈与上地幔的耦合关系以及青藏高原隆升的动力学机制。许厚泽还负责这本专著最后的审校工作，对其倾注了大量的心血。这本书出版已经十几年了，青藏高原的大地测量工作也发生了突飞猛进的发展。国家地壳运

---

① 扩容是关于地震成因的一种假说，认为地震发生前，岩石受力达到一定程度就会出现许多细微的裂缝，体积增大；如果压力进一步加大，地下水渗入并达到饱和，这时岩石即变得易于滑动，如压力继续增加就会发生断裂错动，产生地震。膨胀模式可表述为：地震发生前，岩石受力达到一定程度，就会出现许多大致平行于最大压缩方向的微破裂，致使岩石产生膨胀，即扩容。

② 许厚泽、蒋福珍、张赤军：《重力变化和青藏高原隆起》。见《祝贺方俊院士九十寿辰论文集》，测绘出版社，1994 年。

动监测网络的建立，国际重力卫星的发射以及微波遥感技术的进步，大地测量重力资料也更为丰富，研究领域也实现了不断地拓展，例如用形变、重力及遥感资料联合估计高原地区的冰川消融等。尽管如此，本书所论述的一些基本观点和方法，仍具有重要的参考价值，还没有失去时效，可为今后的深入研究提供借鉴。

地壳的运动变形和地震又具有密切的因果关系。自 1998 年，中国大陆已经进入二十世纪以来的第五个强震活跃期，地壳运动的监测成为地震预报研究的重要依据和手段。重力观测是中国地壳运动观测网络中的重要内容，是以服务于地震监测为主、兼顾其他领域应用的综合性科学工程。许厚泽认为，重力观测，尤其是重力变化的检测具有重要意义。许厚泽再次运用交叉研究思维，从大地测量学、地球物理学、地震学的交叉研究角度进行论证。首先，重力变化的检测是地震和火山监测的重要一环，对震前、同震及震后的重力变化的检测，有助于我们了解震源机制乃至作出地震中期预测；其次，结合水准测量，重力观测可以检测构造运动地区地壳的垂直运动，如青藏高原的隆起以及东南沿海的地面沉降等；再次，结合验潮站观测，重力变化的检测可以区分出真正海平面的变化和验潮站处的地壳垂直运动；最后，网络工程中布设的重复绝对重力测量，这将把我国各个分散的重复相对重力测量网统一起来，形成整体的重力变化图像。从1998 年到 2003 年，网络工程的重力观测已经显示出重要作用，比如，中国科学院测量与地球物理研究所用 FG5-112 号仪器于 1999 年、2000 年连续两次对拉萨的重力变化进行检测。通过这几年的重力测量工作，许厚泽已经初步构建中国大陆重力场变化图像，并对地震的同震重力变化以及伴随青藏高原隆起导致的重力减小进行了成功的检测。

全球卫星定位系统（GPS）是利用二十四颗绕地卫星实时精确测定地面点位的观测系统，以地面 GPS 固定站点之间随时间的变化可以测定局部地区乃至全球地壳运动的相对运动。由于 GPS 接收机重量轻、体积小、耗电小、设备简单、易于操作，特别适用于断裂带、多地震区、经济开发区、工程建设区等区域性地区构造测量。因此，许厚泽和中国地震局地质研究所的马宗晋院士等联合向国家申请了"中国地壳运动观测网络"的国家重大科学工程，以 GPS 为主要手段的中国地壳运动观测网络则能帮助对中国大陆主要块体的运动实现高精度、大范围的实时监测。"中国地壳运动观测网络"的建立，不仅对中国地震预测预报研究具有重要意义，还能使现今地壳运动及其动力学研究具有精确定量、动态实时等鲜明特色。该项目分别于 1998 年、1999 年和 2000 年对八十一个 GPS 观测站进行了三次联网观测，获得了三期全优的观测结果，平均精度达到 10^{-9}，初步获得了中国大陆及周边地区当时地壳水平运动的统一速度场，是现代大地测量第一次比较全面、直观地展示出中国大陆地壳受印度次大陆向北推挤所形成的大幅度水平运动及变形方式，为模拟大陆岩石圈动力过程提供了基础性的运动学约束条件。[1]

此后，许厚泽一直希望中国科学院测量与地球物理研究所开展系统的高精度 GPS 处理和地壳形变研究，使中国科学院测量与地球物理研究所的研究范围更加开阔。因此，许厚泽积极组织和推动国际合作，先后与日本、韩国开展了"中日利用超导和绝对重力仪在东亚地区实施高精度重力联测"以及"利用 GPS 技术研究东亚地区地壳运动"等多项国际合作项目。

在"利用 GPS 技术研究东亚地区地壳运动"项目中，许厚泽担任首席科学家，他提出，在板块构造理论以及随后发展的一系列全球模型中，欧亚大陆一直被处理为单个的刚性板块，而该板块东部地区存在的分布广泛的变形带未受到充分重视。东亚大陆，尤其是东北亚地区的地质构造和地震活动十分复杂，是地壳运动研究的薄弱地区。由于该区涵盖中国、朝鲜半岛、日本、俄罗斯及蒙古等多个国家的部分地区，各国独立进行的局部大地测量学观测研究无法从整体上把握该区的地壳运动格局，因此，国际合作成为研究该区地壳整体运动的最佳选择。阿穆尔（Amurian）板块是位于东北亚地区的板内块体，当时，阿穆尔板块是否存在、其南部边界在哪里，还存在很多争论。于是，许厚泽和熊熊围绕确定阿穆尔板块这一科学问题研究东北亚地区地壳运动学，提出阿穆尔板块的确定对认识东北亚地区，乃至东亚大陆的构造演化过程，研究该区域地震的活动性具有极其

① 马宗晋、陈鑫连、叶叔华等：《中国大陆区现今地壳运动的 GPS 研究》。《科学通报》，2001 年第 13 期，第 1118–1120、1145 页。

重要的科学意义。对中国而言，他们认为这一意义更加独特。因为阿穆尔板块覆盖中国的东北及华北部分地区，东北地区通常被认为隶属较稳定的中朝地台，构造活动不剧烈。事实上，东北地区并不缺乏丰富的构造作用。比如新生代以来广泛发育的正断层和逆断层表征该地区活化的断裂新活动；分布广泛的新生代火山活动（如长白山火山活动）反映的挤压应力场与因地幔上拱导致的拉张应力场复杂的双重作用；另外，东北地区还是我国大陆唯一的深震带，其震源深度达到六百千米。目前的研究表明，东北地区的构造活动有逐渐加剧的趋势。但是，与东北地区的构造活动日益受到重视相反，该区地壳运动的观测和研究却一直是一个薄弱环节。因此，许厚泽提出必须加强东北地区的 GPS 观测，尤其是连续 GPS 观测，利用以 GPS 为主的大地测量学观测资料，并通过国际合作，研究东北亚地区地壳运动格局，进而深入进行地壳运动学和动力学研究，为划定阿穆尔板块边界，明确阿穆尔板块存在与否这一重要科学问题提供独立的大地测量学证据。

对许厚泽来说，这是一项很有意义的工作。该项目在 2004 年 3 月 22 日于日本举行的中日韩三国国家科技合作会议上成功立项，并被纳入三国国家科技合作框架。该项目的实施对得到东亚地区地壳运动的整体精细图像具有重要意义，并能进一步深化对东亚大陆构造演化的认识。

建立中国科学院动力大地测量学重点实验室

改革开放为中国科学院测量与地球物理研究所注入了新的青春活力。中国科学院测量与地球物理研究所按国家需求和本所研究特色重新调整了学科部署，加强了地球重力场的观测与研究和全球定位系统研究与应用，以提供航天、国防和减灾等国家重大需求的测绘保障服务；增强了地球自转、误差理论等领域的研究力量，以使中国科学院测量与地球物理研究所传统研究优势得以继承和发扬。1988 年，在许厚泽的建议和推动下，中国科学院测量与地球物理研究所把动力大地测量学作为学科的主要发展方向，经批准成立了中国科学院动力大地测量学重点实验室，这是国内唯一的综合性动力大地测量中心实验站，该站被国际地球物理和大地测量机构列为亚洲地区的国际基准站。

在为重点实验室制定的学术研究宗旨中，他对动力大地测量学的研究范畴和研究思想作了科学精辟的论证。他论述动力大地测量学的研究任务是：在力学研究方面，将大地测量学研究从静力学、动态学转向动力学研究；在几何研究方面，将大地测量学从三维空间转向四维时空；在研究对象的机构方面，将大地测量学研究从地球表面进入地球内部和延伸至地球外部空间。并将地球和地球周围物质视为一个体系；在物理学研究方面，将大地测量学视作地球为刚性的研究观点发展为地球弹性、滞弹性和流变性研究；在研究的学术范畴方面，将大地测量学由原来的封闭研究状态转变为与地球物理学、天文学、地质学、地震学、海洋学等学科交汇的边缘学科。许厚泽论证和阐述的关于动力大地测量学研究范畴和研究思想，得到了国内外许多学者的赞同，他倡导建立的中国科学院动力大地测量学重点实验室成了中国新兴的动力大地测量学研究态势的一扇窗口。许厚泽的学生罗俊院士非常敬佩许老师对科学研究敏锐的洞察力：

> 许老师在学术上非常敏锐，任何问题，他都能够很快抓住其最本质的东西。有时候我们自己还觉得比较繁杂的事情，许老师马上就能给凝练出几条主要的内容，然后讲出来，大家听完就都觉得非常清晰了。比如说我们做重力场反演，他马上就会告诉你那个模型存在什么问题。许老师在地学界确实很厉害。[①]

许厚泽经常给领导写信报告中国科学院测量与地球物理研究所的发展情况及其建议。即使自 1996 年不再担任中国科学院测量与地球物理研究所所长，他仍然心系中国科学院测量与地球物理研究所的发展。比如，2001年 1 月 5 日，许厚泽向中国科学院院长路甬祥、副院长陈宜瑜致信，讲述

---

① 罗俊访谈，2019 年 4 月 30 日，武汉。资料存于采集工程数据库。

中国科学院测量与地球物理研究所的历史发展，认为在大地测量的基础研究方面中国科学院测量与地球物理研究所在国内是走在前列的，并从人才培养、国际影响力两方面进行论证，同时指出中国科学院测量与地球物理研究所也存在体量小、学科面窄的问题。针对这些问题，他提出两种整合的方案，并认为将中国科学院测量与地球物理研究所整合到中国科学院物理与数学研究所是不妥当的，提出在"动力大地测量学重点实验室"创新试点的基础上，增加少数创新人员编制，使所整体进入院创新系列，力争在动力大地测量学科以及结合 3S 在国防及环境危害监测的应用上，做出具有特色的工作，还是比较现实可行的。并表示中国科学院测量与地球物理研究所会加倍努力，完成中国科学院领导的要求：

路院长十月底来武汉做学术演讲，由于我正好在台湾访问，未能亲自向路院长就测地所的创新问题作汇报，现想写这封信谈谈自己的一些想法，不当之处，请你们批评指正。

我在测地所（包括前身南京地理所及武汉测重质监研究所）已经工作了四十六年。过去的测绘主要是为土木工程服务，为生产□□服务。近几十年来，由于卫星测地和高新技术的发展，大地测量已成为固体地球科学的一个支柱学科之一，而推测和制备融合的发展为□□和地理信息系统科学，并偏重于实际的应用。测地所在 78 年从地震局系统恢复到我院后，起初只保留了大地测量。九十年代初，拓展了 RS 及 GIS 在环境□□中应用的方向并建立了国家 GPS 工程中心（与武汉大学等共建）。在我院□□八十个所成立时，测地所就主为以动力大地测量学（包括地壳运动、地理重力学及地球自转三大部分）为中心，□时开拓 GPS、RS 及 GIS 的实际应用。最近，经全所认真讨论又把学科目标凝聚在地壳运动及地球整体自转运动及其动力学机制，地球结构与□内部物理两个方面。把国家需求定位在环境灾害的大地测量监测及国防军事的测绘保障两个方面。

国内从事大地测量研究的单位和学校不少，其中最有影响的是二校二所，即武汉大学（原武测）、解放军信息工程大学测绘学院、总参测绘研究所和中科院研究所。应该说，进行大地测量学和地球物理学的学科主义研究，测地所是最早的，1978年经院批准，就成立了院级的动力大地测量学重点研究室（最近，武汉大学正紧跟我们，已由教育部批准，成立了类似的部级空间与大地测量重点实验室，他们也意识到这一学科方向）。在大地测量的基础研究上，测地所在国内毫无疑问是走在前列的，当然在军事和工程的应用，由于行业关系，其他单位多的更多些。可以从几个例子看，测地所曾获得两项国家自然科学奖三等奖，虽然奖级不高，但这却是我国大地测重方面仅有的国家自然科学奖；从国家自然基金委批准的项目和经费上比较，测地所几乎每年是国内大地测量单位中最多的，就SCI论文看，测地所的人均SCI论文数在国内大地测量机构中是领先的。最近看到院里的统计，在资源环境局系统中也处于中间地位；从人才培养看，去年和今年勘测所分别有两位博士生获得院长奖学金特别奖（全院每年仅三名）。据评估，研究生培养的质重在院地学□也名列前茅。在院支持下，测地所也武装了一批如人卫激光仪、超导重力仪、绝对重力仪、GPS等仪器设备，有些是国内唯一的；从国际影响上看，测地所承担了中日、中比、中澳三次政府级合作研究项目，在德国马普学会、英国皇家学会等都有过项目，也参与了GGP、APSG及国际岩石圈等多项国际计划；从国内影响看，一般同行认为测地所的研究工作在大地测量各单位中还是较有深度的，我最近刚好接到刘东生院士的一封信，他对我们青年的工作评价就很好。"九五"期间，测地所也参与多项国家任务。其中在国家重大科学工程"地壳运动监测网络"的工作中，我院上海天文台和测地所是二个主要参加单位，在中日□□环境与□□监测项目中，测地所协助□□所完成的也较出色，获得日方好评，最近验收的基金委卫星测高重点项目（由我牵头，测地所与海洋所合作）也得到很好评价。"十五"期间，除科学工程外，所还将参与总参的年事测绘考研、海洋"863"等项目。因此，武汉测地所作为我院唯一从事大地测量学科研究的所，作为这一学科研究方向，还是有其特色的。

当然，测地所的现状离国家、院领导对我们的要求还相距甚远，而且还存在不少问题。其中最主要的是所的体量小、学科面较窄，从而显示度不够大。所取得成绩和许多基础雄厚、力量强大的所相比，有相当差距。按说通过相关学科整合以加大创新力度是一条有效途径。正因此，近二年陈院长征求我对测地所创新意见时，我曾经出过两个方案，一是把长沙大□□的地质□□研究部分及武汉物理所的电离层研究部分与测地所整合，形成一个包括地质、地理大地测量及地球物理的较综合的中南地球科学所。另一方案是和上海天文台的天文地球动力学部分整合，成为我院的空间大地测量的中心，因为我们这两部分学科方向是最紧密的。但是陈院长□□前一方案学科方向杂、不集中，后一方案跨地区难度太大，从而都没有采纳。最后陈院长仍倾向于由现在的测地所单独进入创新。我觉得从我院现实的角度这也是可行的。但最近听说有建议把测地所整合到武汉物理所去，我考虑这似乎并不妥当，因为地学和物理学毕竟学科上相差甚远，尽管物理学对我们来说是十分重要的基础，但地学有它自己的特点，同时从所属关系看，在院里归不同的局分管，不便领导。合成一个单位，也不利或不符合院创新的宗旨，并有可能导致一批人才的流失以及大地测量学科在我院的萎缩乃至消失。我以为就目前情况看，测地所的"动力大地测量学重点实验室"已进入院的一期创新试点，在此基础上，增加很少数创新人员编制，使所整体进入院创新系列，力争在动力大地侧重学科并结合3S在国防及环境妥善监测的应用上作出具有一定特色的工作，还是比较现实可行的。当然测地所本身应加倍努力，完成院和院领导的期望和要求。

以上意见，只是个人的一些想法，供两位院长决策时参考，不对之处请领导给予批评。同时，为了更科学地做出决策，也想征求一些地学界包括地球物理和测绘界专家们的意见。[1]

---

① 许厚泽：《致路甬祥、陈宜瑜关于测量与地球物理研究所的创新与发展的信》，2001年1月5日，武汉。资料存于采集工程数据库。

2002 年 1 月 30 日，许厚泽再次向中国科学院院长路甬祥致信，讲述空间物理的电离层研究和中国科学院测量与地球物理研究所之间的历史因缘，并表示电离层的学科骨干同意回中国科学院测量与地球物理研究所；也认为中国科学院测量与地球物理研究所学科面应适当拓宽，以适应国家需求；还表达对路院长关于对中国科学院测量与地球物理研究所作一次评估的意见的支持，认为中国科学院测量与地球物理研究所要想实现发展，要么独立创新，要么与院内地学的相关所整合。

在许厚泽院士的引领下，2002 年，中国科学院测量与地球物理研究所整体进入了中国科学院创新工程第二期试点。许厚泽带领中国科学院测量与地球物理研究所抓住机遇，根据中国科学院关于实施知识创新工程试点的要求和中国科学院测量与地球物理研究所的学科优势，在学科凝练的基础上，制定了知识创新战略发展的总体目标，即解决国防军事测绘、环境灾害监测以及国家大型工程建设中的重大理论和关键技术问题。开展地学前沿领域中的地球局部和整体运动、地球内部结构和圈层相互作用等科学问题的研究，加强空间测地技术的创新和集成，把中国科学院测量与地球物理研究所建成国际著名的大地测量学研究机构和人才培养基地，为国家安全、社会可持续发展和地球科学研究做出基础性、战略性、前瞻性的重大贡献。围绕这一目标，中国科学院测量与地球物理研究所在机制与体制改革、加强队伍建设与人才培养、改善基础设施和创新文化建设方面做出了大量工作，研究所的面貌焕然一新。

第十章
赤胆为国　壮志不已

许厚泽为我国科学事业的发展立下了汗马功劳，他在科研上的成果，在测地所和武汉分院领导岗位上所做出来的成绩，是令人瞩目的。1996年，从所长的位置上退下来时，他已经六十二岁，到了大多数人颐养天年的年纪。但他说，过了七十岁再去享受生活。后来，过了八十岁，他仍然没能实现享受生活的目标。"舟大者任重，马骏者远驰"，肩上的责任一旦扛起就很难再放下，心头的使命感也一直在推动着他不断往前。这位为我国测量事业呕心沥血数十载的科学家，即使步入高龄，心里思虑最多的仍然是如何能为国家再多做一点贡献，其鸿鹄之志令人敬佩，报国之心令人动容。

一心为国的科学家

许厚泽这一生经历过抗日战争、"文化大革命"、改革开放等一系列重大事件，可以说是跟着祖国一起成长起来的。七十年代末，他第一次跟着导师方俊出国，访问比利时皇家天文台。比利时的城市、街道、建筑都给他富丽堂皇的感觉，对比国内，米、面、油、肉等基本生活物资都还要凭票供应，差距很大。方先生拿着喝完的可乐瓶，舍不得扔，"这东西带回去装油很好"。回想起这件事，许厚泽不禁感慨："中国当时真的很穷。"这种差距让他产生了强大的责任感，要去推动整个学科的发展，为国之富强奋斗、努力。

几十年后，当他再出国时，对当地城市的印象已经变成"与中国的上海、广州差不多"。然而，许厚泽的心里一直有种危机感，

图 10-1 许厚泽手迹：努力学习，献身祖国测量事业

他说："很多工作，只要你把它搞熟练了，以后重复运用就可以了。但科学研究不一样，一步跟不上，就落后了。""中国目前来讲，虽然经济上取得了很大的进步，但在科技方面，还有很长的路要走。""最主要的是，我们现在什么都会做，行行都有人，但就大地测量领域来看，我们研究的深度差距还很大，这是最大的问题。"这种危机感，让他无法停下脚步，始终坚持学习，与时俱进，在专业上，一直保持与国际先进成果的连接。

以重力场研究为例，这些年来，许厚泽专注于重力场逼近理论的研究，1991 年，他创造性地提出一种利用局部重力场资料修正高阶地球重力场位系数的简便方法，大大提高了计算效率，后命名为测高－重力混合边值问题的局部裁解法。2002 年，许厚泽发现这种方法在表示海洋区域重力场方面的精度较低，仅仅依靠海洋区域测高水准面这种低频信息难以完善地描述重力场的高频细部结构。当时，由测高及船测重力联合求定海区重

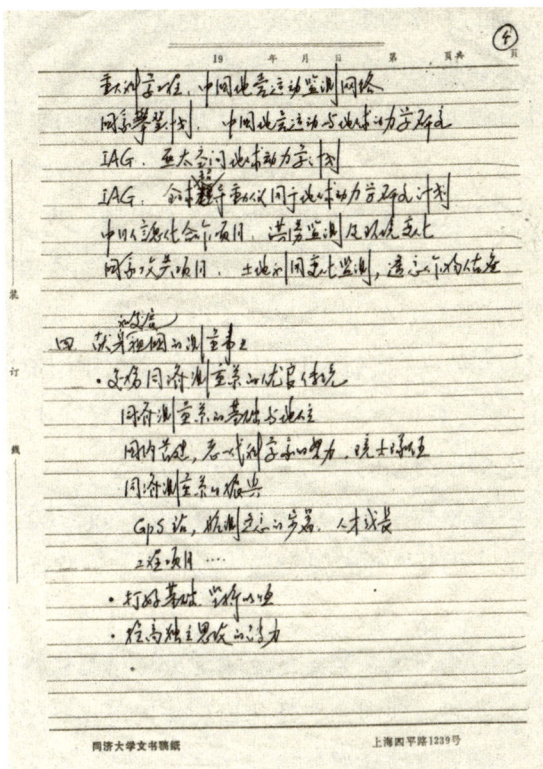

力场的工作也取得进展，为改进测高－重力混合边值问题的局部裁解法，许厚泽提出一种基于最小方差原理的重力场建模超定边值问题局部剪裁解法。这种方法将测高－重力问题转变为求解超定边值问题，在通用的单定边值问题局部剪裁法的基础上，结合大地水准面的数据，使解算的模型综合了大地水准面和重力异常的模型，改善了重力场模型中波长部分的精度，其对今后进一步利用卫星重力、GPS 等多种资料综合解算重力场模型具有借鉴意义。[①] 为使算法得到验证，许厚泽与学生陆洋、中国科学院天文地球动力学联合研究中心张克非采用由卫星测高资料计算的 $6' \times 6'$ 海洋重力异常和 $30' \times 30'$ 大地水准面数据，计算了展开到 1800 阶次的中国南海及邻近海域的测高－重力试验模型。

尽管我国关于地球重力场模型的研究越来越深入，模型的精度也越来越高，但是，谈起地球重力场模型，许厚泽似乎还总有些遗憾：

> 到现在为止，地球重力场模型做得好的、被广泛使用的是美国和欧洲，欧洲主要是德国和法国。我始终觉得我们应该有一个自己的地球重力场模型。[②]

放不下的"江湖"

2004 年，许厚泽七十岁生日时，测地所安排了一次学术会议，用这种特殊的方式为他祝寿。各行各业，包括军事测绘部门的人，一下子来了几百号。早在上世纪七十年代，他就曾带领团队，为总参大地测量队优化外部空间重力场的计算方法和地面测量的数据设计方案。数十年来，他多次参加指导国防测绘的有关工作，帮助解决了很多技术难题。与国防有关的

---

① 许厚泽、陆洋、张克非：《测高－重力边值问题的局部剪裁解》。《测绘学报》，2002 年第 31 期，第 12—15 页。

② 许厚泽访谈，2019 年 1 月 16 日，武汉。资料存于采集工程数据库。

图 10-2 许厚泽（左三）参观军事测绘大队

科研，其成果绝大部分是保密的，无法公开发表，这么多年来，许厚泽默默地在背后做着贡献，只要是国防需要的事，他都尽心尽力地为之服务。测绘部队的许多单位，从领导到基层技术人员，都跟他保持着一种特殊的亲密关系。在测量与地球物理交叉学科的发展道路上，许厚泽也跨界结识了很多其他行业的院士、学者。

自大学毕业，数十年时光里，许厚泽躬耕于我国测量与地球物理的科研事业。他先后主持参与了中国天文重力水准的设计与处理、中国国家重力网的建立及大地水准面精化、国民经济及国防的测绘保障、固体潮观测与研究、现代地壳运动与地球动力学研究等重大课题。在地球重力场的逼近理论与高空赋值，天文重力水准的计算与处理，地球重力场模型，地球潮汐与负荷形变，地球潮汐的模拟理论与观测实验，卫星测高资料在海洋物理中的应用等研究中均取得了卓越的成果[①]。在他的带领下，测地所一步步成长、壮大，如今已形成涵盖地球物理学、地球动力学、环境科学及其交叉领域重要科学问题和关键技术问题的研究格局，一些研究成果受到世界关注。

---

① 《活到老学到老的科学家》。《定位》，2014 年第 2 期，第 22 页。

看到测地所如今的良好局面，许厚泽感到十分欣慰。七十岁生日过后，他发愿要"退出江湖"而"享受生活"。身边的同事开玩笑说："你入党的时候说了，把一辈子都奉献给党，活一辈子，奋斗一辈子的。"作为一名党员，许厚泽确实做到了"为共产主义事业奋斗终生"。从测地所到地学界甚至国防、地质、天文等领域的工作，需要他、依赖他的地方太多太多，这一片他闯荡了大半生的"江湖"，早已"退不出"也"放不下"了。

与他亲密的学生和同事，是最了解这种"无奈"的。

做研究已经成了他的习惯，是他的生活、是生命、是全部。说七十岁淡出，他八十岁了还没"淡出来"，现在还照样工作。他要真淡出的话，那就不是科学家了。科学家不可能淡出江湖，你让他脑子不思考问题，怎么可能？[1]

图 10-3 许厚泽（左二）在七十寿辰宴会上（2004 年 5 月 4 日）

---

[1] 罗俊访谈，2019 年 4 月 30 日，武汉。资料存于采集工程数据库。

他的身体也不错，思维、记忆力各方面都很好，作报告也很霸气。有一次去意大利开地潮会，他作报告。背着手在讲台上讲，主持人在上面看着，我在下面听着。讲完后，他问我们讲得怎么样。我说："超时了你不知道？"他说："啊？超时了？主持人没有提醒。"我说："主持人敢提醒你吗？关键是，你讲得挺好。"

他说要退出江湖，但是，中国地震局、国家测绘局、军事测绘部门、我们所，找他开会，他能不去吗？党的事业需要他。今年（2018年）8月份才退休。我们跟他说，退而不休。除了今年有个病以外，前两年还出国呢！所以，在他力所能及的时候，我们所的事业也需要这样的老同志来带领我们走上更高的高峰。干了一辈子地球科学了，他对这个学科充满了热爱，也希望它可以发展得更好。[①]

退出江湖对于许厚泽来说，是一件不可能实现的事情，有太多的部门、项目需要他。他是中科院的老院士，也长期肩负着国家地震局、测绘局等单位的业务指导工作。2012年，七十八岁高龄，他还在为祖国的事业操心，向地震局提出建议，从地球科学基础研究、灾害评估、地震预警关键技术攻关、空间对地观测技术研发等方面与中国科学院进行合作：

（一）地球科学基础研究

1. 基于中国地震科学台阵探测计划的地壳上地幔精细结构研究

研究内容：利用"中国地震科学台阵探测计划"（"喜马拉雅计划"）获取的宽频带地震波和重力数据，综合中国地震台网固定台网资料，进一步发展 Eikonal 等新的地震层析成像方法；针对中国台阵特点，发展相应的噪声、地震层析成像方法和重力－地震联合反演技术；研究利用中国台阵资料获取地壳和上地幔的速度和密度结构，以及其对应的构造性质。

研究目标：形成适用于中国地震科学台阵特点的噪声、地震成像

---

① 刘成恕访谈，2018 年 11 月 3 日，武汉。资料存于采集工程数据库。

以及重震联合反演的理论和方法。

中国科学院和中国地震局的前期合作基础："中国地震科学台阵探测计划"（"喜马拉雅计划"）2010年启动，计划实施七期，至2020年完成。中科院测地所从第一期就参与该项计划，承担了南北带重力剖面的探测任务，与中国地震局地球物理所、台网中心、预测所等机构和地方局在地震波反演方面开展了多年的合作研究，建立了良好的合作关系。

2. 稀疏地震台网震源位置精确测定方法

研究内容：发展地震背景噪声定位理论，研究利用背景噪声确定地面真实位置事件的方法；获得一系列地震的地面真实位置，通过这些事件进行位置改正，研究在稀疏台网情况下地震的高精度定位方法。具体内容：a. 发展稀疏太网下地震背景噪声的定位方法；b. 获取我国近十年来一系列代表性事件的真实地面位置；c. 在这些地震的震中附近架设流动台，探索季节、方位以及距离海岸的距离等因素对噪声定位的影响，提出各种影响的改正方法。

研究目标：为实现我国四级以上地震三公里精度定位提供有效可靠方法。

中国科学院和中国地震局的前期合作基础：中科院测地所倪四道研究员主持执行了地震行业基金项目，为本研究奠定前期基础。与中国地震局预测所、地球物理所开展了数年合作。

3. 强震短临前兆现象研究

研究意义：地震震前经常可以观测到一些仪器的异常扰动现象，这些现象有些与大气或者气象事件有关，有些则原因不明，可能与地震的临震现象有关系。为了定量分析震前扰动现象的原因，以及它们与地震发生的关系，则可能为地震的短临预测提供一种可能的手段。

研究内容：以汶川大地震震前扰动研究为出发点，通过收集整理强震前后的地震仪、重力仪、GPS以及海洋气象观测数据，发展以小波分析为特色的震前扰动识别方法，分析强震与震前扰动的关联性。

研究目的：总结台风扰动与非台风扰动现象的特点和产生规律、

探讨强台风触发大地震的可能性，为强震短临预测探索一种可能的方法和理论。

中国科学院和中国地震局的前期合作基础：前期研究与中国地震台网中心有数据合作。

4. 重力变化与地震孕震环境的关系研究

研究意义：重力的变化除了包含大气、海洋、潮汐以及构造运动的信息之外，还与地震的发生和孕震过程有一定的关系。通过 GPS 和重力仪的并址观测，以及其他资料的综合分析，可以扣除掉潮汐、气象以及构造运动等因素造成的重力变化影响，从而提取与地震孕震环境有关的重力变化，再结合地震的构造背景和地震活动性，分析地震的孕震环境的变化情况，评估地震灾害的可能性。

研究内容：a.建立各种地球物理观测场精确的潮汐和环境改正模型。基于中国大陆重力（包括绝对重力、流动重力、定点连续重力和卫星重力）和 GNSS 观测资料数据库；精密确定中国大陆重力场的潮汐和非潮汐时间变化以及空间分布特征，给出中国大陆高精度、高分辨率的地表重力场长期变化和垂直运动图像；研究区域构造运动导致的重力场和地壳形变特征；建立各种地球物理观测场精确的潮汐和环境改正模型。b.依据潮汐和环境改正模型，消除重力变化信号中的干扰信息，提取与地震有关的中长期和短期变化信号。对于短期变化信号，结合理论计算和地震数据的分析，评估地震对重力信号的影响，以及其对应的发震环境和应力场；对于中长期变化的信号，建立理论模型，判断引起这种中长期重力变化的可能的地下物质变化和孕震应力场的改变情况，从而对地震的中长期危险性进行合理的判定。

研究目标：通过综合重力、GNSS 以及地震学资料，建立中国精确的潮汐和环境改正模型；在此基础上，研究重力的变化信号与地下孕震构造和物质变化的关系，为地震的中长期孕震过程和地震危险性提供大地测量学的判定依据。

中国科学院和中国地震局的前期合作基础：中国科学院先后参加了中国地震局牵头的"网络工程"和"陆态网络"项目，积累了丰富的重力及 GNSS 数据，初步建立了重力和 GNSS 观测资料数据库，发展了相关理论与方法。

（二）灾害评估

1. 综合大地测量与地震学资料研究地震震源参数

研究意义：准确的地震震源参数和破裂模型是研究发震机理和灾损评估的重要基础，它为研究强地面运动、地震触发以及地震同震、震后应力场演化过程提供可靠的计算模型。而空间大地测量手段的出现，在很大程度上弥补了传统地震学方法的不足，两者的结果预期可以在地震的震源破裂参数的快速准确评估上得到良好的应用。

研究内容：利用高频 GPS 和 InSAR 等空间大地测量技术，结合地震观测资料，联合确定地震震源参数和破裂过程。具体内容：发展高频 GPS、InSAR、地震波数据的精确处理方法；发展有限破裂源作用下的动态、静态位移的地震波格林函数的理论和方法，研究确定联合反演误差函数的技术方法。

研究目标：形成联合大地测量和地震波资料反演地震震源参数和破裂过程的理论和技术方案。

中国科学院和中国地震局的前期合作基础：中科院测地所承担了两项地震行业基金，一项是 2011 年启动的"多种地球物理场动态图像与强震预测试验"，负责震源机制解与速度结构方面的工作；另一项为地震深度测定专项，负责利用空间大地测量与地震波等手段，快速确定地震的深度。与地震局预测所、地球物理所、台网中心等机构建立了良好的合作关系。测地所两名专家作为汶川地震专家委员会委员承担汶川地震的灾评工作。目前，测地所主持申请的地震局行业专项"地震震源深度定位方法及应用研究——以东部典型地区为例"已经通过审批。

2. 中国大陆地震触发和地震活动性研究

研究内容：研究中国大陆主要震区地震触发和地震危险性。具体包括：a. 地震同震、震后应力场变化、大地震对余震分布以及周边主要活动断层上应力积累的影响，圈定地震危险性较高区域；b. 结合历史地震活动性，基于地震应力触发理论，研究中国大陆主要活动断层上应力的传输和演化过程，以及地震间相互作用关系；c.研究中国大陆地震库仑应力变化与强震触发以及地震应力传输、积累与地震迁移的关系；将应力触发理论引入地震概率模型的研究，进一步发展和完善地震概率模型。

研究目标：明确中国大陆主要地震断裂应力传输、演化过程与地震活动性关系，建立基于地震应力触发机理的中国大陆地震概率模型。

中国科学院和中国地震局的前期合作基础：中科院测地所通过承担地震行业基金，与地震局预测所、地球物理所、台网中心等机构建立了良好的合作关系。

（三）地震预警关键技术攻关

单台震源参数快速确定技术

研究意义：地震的快速定位对地震预警具有至关重要的意义，只有能够在最短时间之内快速确定地震的大致位置、震级等信息，才能在第一时间发布地震的预警信息。在快速预警中，最理想的情况是只用一个最近的台就能得到地震的大致信息和位置。因此，发展单台法的震源参数快速定位，对地震预警系统的研发极为重要。

研究内容：利用一个地震台的P波信息，估计地震位置、深度、震级等基本震源参数。研究三分量高频P波信号传播规律。为了得到地震的深度信息，研究不同构造区域对P波偏振的影响及改正方法；研究利用单台P波切向分量频谱信息估计震中距离方法；研究利用P波垂向分量频谱估计震级的方法。选取地壳简单地区（例如安徽－江西－湖北交界）、较为复杂地区（汶川震区），基于已有地震资料（近十年三级以上地震），开展上述工作。

研究目标：为实现十秒内震源参数估计提供算法。

中国科学院和中国地震局的前期合作基础：与中国地震局地球物理所研究人员开展了数年合作，共同发表了GRL等文章。

（四）空间对地观测技术研发

利用多频多模高采样GNSS技术捕获地震前兆信息

研究内容：基于广播星历的点位变化信息快速精密监测与分

析——多频多模 GNSS 数据质量控制与快速精确处理；复杂条件下的电离层 TEC 与对流层变化的精确监测与处理；电离层电子密度快速层析反演；空间天气精细效应变化监测与处理；监测站接收机高精度时间同步技术；监测站点位变化精确计算模式与方法；监测站精密点位变化信息的分析与处理；典型地震期间 GNSS 监测站数据示范处理及应用软件研制。

研究目标：发展利用 GNSS 技术实时捕获地震前兆信息的理论和方法，提供实时监测异常形变软件，综合分析监测网实时信息判别地震前兆信息。

中国科学院和中国地震局的前期合作基础：参与陆态网络数据软件的研发，独立自主完成了 GNSS 电离层电子密度数据处理分析软件，实现基于陆态网络二百六十个基准站观测数据获得中国区域电离层 TEC 及电子密度产品。

（五）建立重力数据中心

研究内容：加强重力数据（绝对重力、台站重力、卫星重力、相对重力）处理与分析工作，保证第一手资料的可靠性；加强科学研究，拓宽重力资料在地震监测中的应用；加强协作，发挥多部门优势。

研究目标：建立重力数据中心，提供相关数据产品，并完善相关的检核。

中国科学院和中国地震局的前期合作基础：中科院测地所在国内率先引进了超导重力仪和绝对重力仪，在重力研究领域有深厚的学科积累；完成了中国地震局主持的"网络工程"中绝对重力网测定的四期测量任务，参加了"陆态网络"绝对重力网、相对重力网和连续台站重力测定以及重力软件的研制工作，在武汉、拉萨建成了超导重力台站，近期将在丽江建设第三个超导重力台站。与中国地震局相关单位保持着密切的长期合作关系。[①]

---

① 许厚泽：《中国地震局与中国科学院合作的建议》。手稿，2012 年 8 月 25 日，武汉，资料存于采集工程数据库。

因病短暂休息

　　许厚泽的生活习惯很好，爱好运动，烟酒不沾，手里的科研任务虽然繁重，但他注重效率，玩就玩，工作就工作，几乎从不开夜车。这些造就了他健康的体魄，到了七八十岁的高龄，依然身体矫健，思维清晰。2006年至2010年四年间，他还三次前往南极，考察、指导固体潮观测站的工作。西安测绘研究所杨元喜院士评价他："有八十岁学者的积累和经验，有五十岁学者的思维和产出，有三十岁学者的敏锐和聪颖。"

　　有能力、有经验、有体魄的许厚泽，即便已入暮年，心里仍然想着如何为自己热爱的事业多做点贡献。尤其是在卸任测地所所长和武汉分院院长的行政职务之后，他将自己的大部分时间用在国际交流和国内业务工作的指导上。除了非洲，其他几个洲，都已被他跑遍。他出国，并非借着公费出门旅游，参与学术活动时，会非常认真地从头到尾把报告听完，生怕错过了学习的机会。轮到自己做讲座，他也会沉稳而不乏激情地介绍国内的科研进展。每一次在国际会议上发言，他都将之视为展示我国科研实力的机会来认真对待。他还常常活跃在国内的研究所、院校、相关企业，去讲座，去做业务工作的指导，曾担任多个知名院校的客座教授。对于许厚泽来说，自己在科研上积累的一些经验，可以分享出去，惠及他人，他甘当基石。

　　2012年，因工作劳累，用眼过度，导致视网膜脱落，把夫人杨慧杰及学生们给急坏了。手术后有一段比较长的恢复期，需要保持面部朝下的姿势，让视网膜与眼球慢慢长合。学生们轮流在医院照护，担心他无聊，专门找来当时的热门电视剧《甄嬛传》，让他放着声音听。也就只有在这种极为特殊的时候，许厚泽才不得不放下手中的事情，让自己喘一口气，安心享受这难得的"休假"。

　　眼睛一恢复，他便再次投入到工作中去，当时那么感兴趣的《甄嬛传》，同一作者出了另一部作品《如懿传》，却没耐心再看。对待工作已经如此投入，他仍觉得自己做得还不够，在八十岁生日会上感慨道："我如果

图 10-4　测绘院士委员极地考察团合影（后排左五为许厚泽）

能够像方老践行勤奋精神的话，也许能做更多的事。"在工作上多付出一点，为国家多做一点贡献，这就是一位老科学家最为朴实的愿望：

八十年时光，弹指一挥间。但是事业还在发展，坐八望九，在表达我对大家一片感激之情的同时，我还想表达一下我衷心的希望，作为大地测量工作者，只要我还能动，我愿意和年轻的同志们一道继续为大地测量与地球物理事业的发展尽绵薄之力！届时我希望看到：

我们国家的北斗卫星全球导航系统成功运行；

我国自主研制的重力卫星和大地测量测高卫星发射升天；

我国的精密重力测量重大科技基础设施如期建成；

我国新一代高程基准的启动。[1]

许厚泽在世时已亲眼看到北斗三代建成。现在，我国首颗用于重力与大气科学测量的卫星也已成功发射。

---

[1]　许厚泽在其八十寿辰庆典上的答谢词，2014 年 5 月 4 日，武汉。资料存于采集工程数据库。

第十一章
高山仰止　敬而勉之

回顾许厚泽的生平，从中国科学院第一批研究生到科学院院士，他在不断地求知问难中开拓创新。他不仅是为事业不懈奋斗的科学家，也是温和、平易近人的老师、丈夫、父亲。作为老师，他仁爱负责；作为家人，他温和慈祥。作为有独立精神的个人，他热爱生活，常葆童心，充满着人格魅力。

真学者的大格局

许厚泽 1983 年担任测地所所长，1991 年被评为院士，1993 年担任中科院武汉分院院长，曾获全国五一劳动奖章，是湖北省特等劳模，第六、七、八届全国人大代表……若论功名，早已稛载而归，但即便是在各种荣誉、头衔加身之时，他依然谦逊、低调。卸下所有行政职务之后，也没有去享受安逸，而是凭着对这份事业的热爱，本着多做事、多出力的朴实想法，继续前进着、奉献着。他淡泊名利、为人谦逊，赢得了同行的尊重。

许厚泽与测绘界另一位大名鼎鼎的院士宁津生是大学同学，两人于

图 11-1　许厚泽（左）与校友史惠顺（中）、宁津生（右）在同济大学百年校庆时的合影

1951 年同时考入同济大学测量系。毕业后，许厚泽被分到南京地球物理研究所，宁津生到了武汉测量制图学院。虽然身隔两地，但许厚泽时常与宁津生互通信息，交流心得。1957 年，莫氏的大弟子布洛瓦尔被邀请到武汉讲授和传播莫氏理论，为期一年多，许厚泽远在南京且工作繁忙无法参加，宁津生便将布洛瓦尔的讲稿翻译成中文，给许厚泽及其他研究者们使用。初入测绘界，两人便表现出极高的胸怀及修养。

2014 年，中国科学院测量与地球物理研究所退休研究员蒋福珍，在接受《定位》杂志采访时，讲到了两件事：

> 到了"文化大革命"时期，正值我国筹划第一颗人造卫星东方红一号的发射。当时测地所接到了"卫星发射站和跟踪站地心坐标计算"的任务，此时的方俊先生和许院士受"文化大革命"的影响，不能直接参与到项目中，但那时参加这项任务的人能力有限，经常写信向方先生和许院士请教，他们两位以国家为重，无私地指导，成了我们这个组的场外指导，在他们的指导下，项目得以顺利完成。
>
> "文化大革命"中有同志写了他的大字报。后来这位同志要写书，许院士不计前嫌，将自己多年积累的十多本笔记本全都借给他，让他参考。因此在"文化大革命"时期，由于他的学识、他的人品，他当时虽是副组长，但我们全组人都听他安排。[1]

---

[1] 《蒋福珍：许院士时刻以国家为重》.《定位》，2014 年第 2 期，第 61 页。

无论时代如何变迁，这种胸怀与修养始终不变。在测地所内部，只要是科研上的事情，无论是谁需要帮助，许厚泽都会悉心给予指导。他手里的研究资料都可以拿出来与同事们共享，进展和成果完全公开。与业内同行，也是如此，他从不隐藏自己的思想和成果，相反，常常主动将科研和管理的经验、心得，毫无保留地分享出去。许多学者、院士都公开表示过与许厚泽的交流使其受益。他的仁、智和大格局，赢得了整个测地所、地学界的尊敬。

带学生不惜心力

从1979年开始招收研究生，许厚泽已经为国家培养了硕士、博士研究生五十余名，以博士生为主。在初期的研究生培养中，许厚泽会根据学生的论文题目指定书籍，并就相关问题一起讨论，差不多每周一次。他说："因为那个时候我空一点，年纪轻一点，每个礼拜都要把他们找来聊一聊。"[1] 直到2000年以后，因为太忙，他管得相应少一点，副导师具体管得多一些，但许厚泽始终对学生不惜心力，从不吝惜自己的经验和学识，善于根据学生的知识背景因材施教。

"鹤发银丝映日月，丹心热血沃新花。"教书育人几十载，如今桃李八方。谈到自己的学生，许厚泽满心自豪，认为他们给自己脸上贴金：

> 我的学生中，现在有几个"赫赫有名"的。像罗俊院士，原来是华中科技大学的常务副校长，现在是中山大学校长，非常优秀。沈云中教授，同济大学教授，虽然没有当院士，但是他在我们这个大地测量界有威信，学术上威望非常高。人家一讲啊，都是许老师的学生，我的脸上有光！像夏哲仁研究员，现在人在部队里，是文职军官，少

---

[1] 许厚泽访谈，2019年1月16日，武汉。资料存于采集工程数据库。

图 11-2　许厚泽（右五）与学生们合影

将级别的人物了。还有很多留在所里的，包括当所长的……有些在国外的，也都非常优秀！①

细数着自己的学生，包括在加拿大的李国营、在美国的韩大仲和张元冲、在德国的张勇、回国的毛伟健、测地所里的王勇、陆洋等，许厚泽满心骄傲。

多年来，许厚泽在学生指导上花了不少工夫。在他看来，引导、培养好这些年轻人既出于感情，也出于责任。他认为："科学技术的载体是人，科技的发现、发明和传播、利用等都要靠人来进行。因此，科技的竞争，说到底就是人才的竞争。我们要想下一个世纪在科技上处于优势地位，必须从现在起要重视对跨世纪人才的培养，这不仅是科研院所和高等院的责任，也是全社会的共同责任，全社会都应为此增加投入，给予充分重视，创造良好的社会环境和公平竞争的机制，让一大批青年科技人才脱颖而出。"②

罗俊是许厚泽指导的 1999 届博士毕业生。1996 年选择攻读博士学位

① 许厚泽访谈，2019 年 1 月 16 日，武汉。资料存于采集工程数据库。
② 许厚泽：《现代科学技术的发展趋势》。手稿，1995 年，武汉，存地同上。

时，罗俊已经任华中理工大学教授两年。他考虑到自己的工作与地球物理有密切关系，而许厚泽又是地球物理方面的泰斗，德高望重，因此毅然决定选择许厚泽作为导师。在读博期间，罗俊不仅没有脱离自己的实验室和工作，而且还经常和导师交流实验进展，许厚泽常常敏锐地为其把握方向。

罗俊此前一直从事牛顿万有引力常数 G 的精确测量研究，其博士学位论文便是《万有引力常数 G 的精确测量》。撰写博士论文期间，许厚泽常常亲笔修改，在开展测重力加速度研究上给了罗俊很多指导、鼓励、启发，增加与地球物理相关的内容、把测 G 的技术用于测重力场等。博士毕业之后，受许老师的影响，罗俊把研究重心扩展到地球重力场的精密测量研究，成果丰硕。2009 年，罗俊当选为中国科学院院士。

2010 年，罗俊院士着手申报"精密重力测量研究设施"项目，那时许厚泽已经七十六岁了。当受邀作项目的学术带头人时，许厚泽甘做青年人的梯子，并尽自己所能推动项目工程进展，给予了许多支持和指导。对此，罗俊院士回忆说："当时对于项目申请的建议书，许老师也是逐字逐句进行检查，一旦发现有问题，马上给予纠正，让我们都非常感动。"[1] 由于"精密重力测量研究设施"项目的缘故，罗俊的许多研究生也会常跑到许厚泽那儿请教，每次他都非常乐意回答学生的问题，并主动提供指导。有些学生甚至还和许厚泽的研究生联合发表过学术文章。

王勇是许厚泽指导的 1996 届博士毕业生，毕业后留在测地所工作至今。说起考博时的情景，王勇依稀记得，做题时总感觉专业课的题目是许老师亲自出的，因为当时虽然是开卷，但在书上根本抄不到答案，许多论述型的题都是比较前沿的，甚至要经常看一些国际论文才能答出来，这就是许老师的风格。做他的学生是很幸运的，虽然他很忙，经常要出差出国，但是能有很多机会了解国际前沿信息，在学术报告会上，他总会一场不落地听完每一场报告，并能抓住重点，提出问题。会后，许厚泽总是在第一时间与弟子们分享。

---

① 《罗俊院士：许老师为国家发展不遗余力》，《定位》，2014 年第 2 期，第 48 页。

1995 年 7 月，许厚泽在美国参加国际大地测量与地球物理联合会（IUGG）后回国，正值武汉暑假高温。"我记得在一个三楼，他进来以后，马上给我们讲国际新的动态，我现在印象很深的就是讲的 InSAR[①] 这个技术。"[②] 这一幕王勇记忆犹新，在会议室里他们几个博士生围着导师，许老师很兴奋地讲述在会议上看到的新技术、新发展动态，尤其是看到公布 InSAR 的结果，这技术刚出来就做到了米级，于是很快就抓住了这个点回国讲给学生们听，这是多么令人激动！

除了给学生讲国际动态，许厚泽还会亲自带着学生一起去"见世面"、试身手。他鼓励学生在各种场合作报告。对于学生的报告，他会认真修改，严格把关。那时，作报告都是用投影仪，写在透明薄膜上，写上去了就没法再更改，于是他通常会提前看，及时指出问题，同时也会鼓励学生要放松大胆。

弟子们普遍认为许厚泽是一位平易近人的导师，只要是谈学术、学业、科研问题，许老师就非常高兴，非常有兴趣，并且只要有时间就可以马上开讲！对此，王勇这样描述当时的场景：

> 他当所长也好，当院长也好，只要是我们学术上的事情、文章上的事情，随时可以冲到他的办公室去找他。随时去跟他聊，他不会认为我们打扰到他。交给他的东西，他两天就给你看好，要改的地方批注好，马上就可以反馈回来。有时候就一起讨论，或者有什么问题，或者有文章给他，就先放他那，他都会很快地给我们修改，提出意见，没有那么多拘束。我们都没觉得他是当领导的，好像就不敢去找他什么的。[③]

---

① 合成孔径雷达干涉测量技术（Interferometric Synthetic Aperture Radar，InSAR）简称干涉雷达测量，是以同一地区的两张 SAR 图像为基本处理数据，通过求取两幅 SAR 图像的相位差，获取干涉图像，然后经相位解缠，从干涉条纹中获取地形高程数据的空间对地观测新技术。

② 王勇访谈，2019 年 5 月 10 日，武汉。资料存于采集工程数据库。

③ 同②。

沈云中[1]是许厚泽所指导的 2000 届博士毕业生。在为他博士论文选题时，许厚泽制定了卫星重力这一当时的国际前沿课题。后来，沈云中交上博士论文初稿，许厚泽亲笔写了近十页的修改建议，他对学生的尽心尽力可见一斑。即使沈云中毕业后去了上海，许厚泽依然很关心他的研究工作，经常赴上海介绍国际学术研究动态和自己的最新研究成果。沈云中现在任教于同济大学测绘与地理信息学院，他曾表示，"如今自己也做了教师，便以许老师的学风为自己育人的圭臬，希望将老师的教诲传递给更多的学生。"[2]

"随风潜入夜，润物细无声。"许厚泽培养学生不遗余力，对待学生从不会厉声呵斥，也不会求全责备。在学生眼中，许老师总是那么和蔼可亲、平易近人，通过言传身教影响着一代又一代人。

对新事物持强烈好奇心

许厚泽对新事物始终保持着强烈的好奇心，也适应地特别快。即使已到耄耋之年，对新式的平板电脑、电脑、手机这些电子产品都能熟练使用，后来兴起的微信、淘宝等，他也能很快学会。所有新式的、先进的东西许厚泽都愿意去学习、尝试。一直在他身边协助工作的刘成恕很是敬佩老人接触新事物的能力和意愿，他讲了一件趣事。有一年刚出了一个国产牌子的洗碗机，许厚泽很快就买回来一台，只是没用多久就不用了。碗是洗干净了，可洗碗机很难洗，不如干脆直接洗碗。

生活中对新事物、新技术的尝试和学习体现了许厚泽作为科学家的探索精神和超强的自学能力，这些在他的学术经历中亦有显露。例如，许厚

---

① 沈云中，江苏昆山人，教授，博士生导师。1986 年获大地测量专业工学硕士后参加工作，1998 年破格晋升为教授，2000 年获中国科学院测量与地球物理研究所博士学位。现任教育部中国大陆构造环境监测网络联合研究中心同济大学分中心主任。曾在德国斯图加特大学、德国波茨坦地学研究中心和香港理工大学从事短期研究。《测绘学报》编委。

② 《沈云中教授：许先生既是长者，也是亲人》，《定位》，2014 年第 2 期，第 58 页。

图 11-3 许厚泽（左一）看望恩师方俊（右一）院士

泽起步于几何大地重力测量学，二十世纪七十年代，面向国家需要转而研究地震，并开始了固体潮汐研究，随着固体潮研究的深入，他积极推进大地测量与地球动力学的交叉，在动力大地测量学的建立和研究上做出突出贡献。无论是学科知识面的演变，还是其研究领域的拓展与深入，都展现了他极强的学习和探索创新能力。另外，许厚泽懂俄语、英语、德语、法语四门外语，而除俄语和英语曾经有过课堂学习，其他都是靠自学。

谈及自学能力，许厚泽谦虚地表示自己比导师方俊先生还是差了些。他举例说，在二十世纪八十年代，刚出来一种 PC1500 小计算机，那时方俊先生已经七十几岁了，还自己在那里学习，"所里面说派一个人给他去编软件，他说他不要"。或许在无形中也受到方先生的感染，无论是对自身领域，还是对身边事物，许厚泽始终保持着学习的热情。

寓生活于人文经典

许厚泽热爱科学，也热爱生活，有着丰富的业余爱好。年轻时，喜欢打乒乓球、打篮球，后来工作忙了，自己年纪也大了，便不怎么打了。受父亲的影响，许厚泽特别喜爱京剧：

听听京剧，再看看关于京剧的书，还是很有意思的。主要是它的韵味非常好，所以很多京剧，你听来听去好像就是听不厌。京剧的缺点就是编一个剧还是很不容易。那种唱腔要流传百世的，不简单，不像流行歌曲，今天唱了那过两年就没了呢。京剧真的是很博大精深的。①

许厚泽喜欢京剧里的旦角，也喜欢生角，都觉得不错。他还曾用笔记本详细记下京剧里的演员和角色。在一次湖北省院士专家迎春茶话会上，许厚泽曾被邀请和潘垣、宁津生、卓仁禧一同演出歌曲联唱。他还记得，潘院士唱《十五的月亮》，宁院士唱《天仙配》，自己唱了《纤夫的爱》。到后来，大家知道许厚泽喜欢京剧而且还会唱，于是在组织活动时经常会邀请他来一段儿。有一次联欢会上，许厚泽曾和京剧演员张慧芳等人一起合唱过《沙家浜·智斗》。在 2012 年湖北省院士专家新春团拜年会上，许厚泽还和京剧演员万小惠一起合唱过《红头绳》。②

除了唱京剧，许厚泽对京剧里的故事也十分熟悉。蒋福珍在回忆和许厚泽、杨慧杰一起到西安出差的经历时曾讲到，当时许厚泽每天晚上都会给大家唱一段京剧，再讲一段京剧里的故事。③许厚泽在工作和生活中都比较活跃，给同事、同行们留下了"多才多艺"的印象。魏子卿院士

图 11-4　许厚泽在表演节目（2008 年，湖北省院士专家迎春茶话会）

---

① 许厚泽访谈，2019 年 1 月 16 日，武汉。资料存于采集工程数据库。
② 许厚泽访谈，2019 年 1 月 16 日，武汉。存地同上。
③ 蒋福珍访谈，2019 年 8 月 28 日，武汉。存地同上。

图 11-5　许厚泽在家中读书

就曾提到 1998 年和许厚泽一起到南太平洋塔希提参加学术会议的事："会议期间组织一次晚会，当主持人提出大家与当地土著人一起跳舞时，许院士便兴高采烈登台现学现跳，跳得还有模有样，赢得一片喝彩。"①

此外，许厚泽还喜欢阅读经典史书和古典文学，看电影也偏向于选择经典大片。② 方方面面都透露出儒雅的气质，他是一位文理兼修、具有深厚人文素养的科学家，有理性的思考，也有感性的品味；有科学的精神，也有人文的底蕴。

于家庭乃慈父良夫

家庭生活中的许厚泽是一位心细顾家的慈父良夫。他和夫人杨慧杰共担家务，疼爱孩子，从不会因为自己的身份地位而在家人面前"摆架子"。买菜做饭这些事情，许厚泽都会主动去做，"文化大革命"期间最困难的时候，甚至还亲自动手给孩子缝制衣服，很有耐心。

许厚泽夫妇成婚于 1967 年。在困难时期，两人因忙于工作且居住条件有限，大儿子出生后只能送到爷爷奶奶家抚养。或许是出于对儿子的亏欠，1971 年，女儿出生后，许厚泽对她格外地宠爱。为了让女儿

① 《魏子卿院士：许院士是"军测通"》.《定位》，2014 年第 2 期，第 42 页。
② 《快乐的许老》.《定位》，2014 年第 2 期，第 30 页。

每天吃一个鸡蛋补充营养，他在家门口放一个鸡笼养鸡，养了六七年。女儿小时候穿的衣服，很多也是他做的。夫人杨慧杰夸赞道："他很喜欢也很能学新鲜东西，踩缝纫机踩得很好。"①

在 1982 年底出任测地所的副所长职务后，许厚泽的行政工作和科研任务更加繁重，需要经常出差，但是他依然主动分担家务，惦念着家里日常所需。夫人杨慧杰对许厚泽的忙碌总是表示理解，从不干涉，但对他的身体又满心牵挂。2012 年，许厚泽因视网膜脱落三次住院，杨慧杰一直在身旁照顾。虽然后期恢复不错，但杨慧杰还时不时忍不住念叨几句，让他少看手机。

许厚泽理解杨慧杰对自己身体的担心和关切，也心疼她平日的操劳。后来，两个人年龄都大了，再生病住院时，学生们常常主动轮流值班照顾，他便不再让夫人在家和医院之间往返奔波。许厚泽如此关爱家人，所里同事公认他是"模范丈夫"。学生熊熊对此深有感触：

图 11-6 许厚泽与女儿许文颖

① 杨慧杰访谈，2019 年 1 月 16 日，武汉。资料存于采集工程数据库。

这么多年，许老师一直把家庭放在很重要的位置，回到家帮师母煮饭、洗衣服、做家务，他还会织毛线，这令我们特别佩服，也为大家树立了一根标杆。①

2021 年 8 月 31 日，为科学事业奋斗了一生的许厚泽，因病医治无效，在武汉逝世，享年八十七岁。高山仰止，一生功名可俱数，仁智风范难道尽。让我们铭记这位为中国测地事业燃尽一生的老科学家！

---

① 《熊熊副所长：遇到许老师是人生中最幸福的事》，《定位》，2014 年第 2 期，第 65 页。

结 语

许厚泽院士治学、治所的成就，为人、处世的风格无不令人敬佩。许厚泽院士能在科学事业的研究和管理两大方面都取得令人瞩目的成就，源于以下几个方面的综合作用。

一是和谐重教的家庭氛围

许厚泽的父母重视子女教育。父亲许作人毕业于国立中央大学（东南大学前身）商科专业。母亲江杏华虽未读过书，但也是典型的贤妻良母。许厚泽姊妹四人若在学习上有所怠慢，必然受到父亲的斥责，若是刻苦、用功，取得成绩，也能得到相应的嘉奖。许作人的工作为家庭提供了经济支持，江杏华的悉心照顾也让许厚泽及姐弟兄长几人能安心投入知识学习中去。因此，即便童年因躲避战争辗转多地，许厚泽仍断断续续完成了小学阶段的学业，这是他后来成长成才的重要基础。

家庭对许厚泽人格上的影响也颇为重要。父亲一生从事财务工作，做事总是格外细致、条理分明。生活中的他虽然在子女的教育上较为严厉，但并不是一个无趣之人，他酷爱京剧，常常就着收音机听京剧，还会偶尔带着许厚泽到戏院去看戏。父亲对京剧的喜爱，也启蒙了许厚泽的终身爱好。母亲江杏华从小并不识字，新中国成立后，全国开展扫盲运动，她通过用功看《红楼梦》学习生字词，日积月累下来，日常生活中的基本认读已不成问题。父亲的细致、有条理、热爱生活，母亲的温和、勤劳、自主学习，使得许厚泽在耳濡目染下养成了温润如玉的性格，学而不辍的品质和乐观豁达的人生态度。

二是名校与名师的双重引领

复兴中学、同济大学、中国科学院测量与地球物理研究所，许厚泽所就读的学校和科研院所均属一流。而且每一阶段，都有名师的教授、指导。

复兴中学重建于抗战胜利以后，其校名为"复兮旦兮，兴我中华"之意，饱含家国情怀，寄托着"兴教图国强"的热切期盼。在复兴中学，他更加坚定了报国信念。在那里，他遇到了陆佩兰、杨永祥、陆贞明、黄公安等一批业务技能过硬，深受学生喜爱的任课老师，数学、物理、化学也因此打下扎实的基础，得到很好的科学启蒙。

同济大学是民国期间最早建立的七所国立大学之一，也是近现代最早的一批综合性大学。许厚泽所在的测量系不乏名师大家和各种传奇人物。当时同济大学的校长夏坚白是学测量出身。夏坚白本科毕业于清华大学土木工程系，此后又赴英国、德国学习大地测量并获得工学博士学位。1939年归国后，他致力于组建中国测绘教育机构和发展测绘科学事业，因贡献突出，被誉为"中国当代测绘事业开拓者""大地天文学奠基人"。1956年作为新中国首位测绘科学家，当选为中国科学院第一批学部委员。测量系的系主任叶雪安同样大有来头，曾赴德国、瑞士、奥地利等多个国家学习并考查测量技术，1937年回国后，于同济大学测量系任教，叶雪安凭借一腔热情和坚定的决心支撑测量系走过了漫长的战争年代并为国家培养出许多优秀人才，人们评价道："叶雪安博士领导的测绘系，几乎垄断了中国对勘测员和制图员的培养。"他被誉为中国大地测量学科奠基人和高等测绘教育的开拓者之一，极负"中国大地测量学界一代宗师"的盛名。除了这几位行业泰斗，系里秦裕媛、高时浏等年轻老师也不容小觑，他们对专业，对教学的热情，过人的才学和突出的人格魅力，都深深影响着许厚

图结 -1 许厚泽（左二）参加同济大学九十五周年校庆与校友交谈（2002 年）

泽。后来的他发自内心地爱上了自己误打误撞错选的测量专业，并下定决心毕业后在此领域继续深造。

大学毕业时，在高时浏的建议和叶雪安的推荐下，许厚泽找到当时国内大地测量领域最权威的科学家方俊，顺利进入他领导下的中科院南京地球物理研究所大地测量组工作。1956 年，中科院开始招收"副博士"研究生制度，许厚泽又以优异的成绩考取了院里第一批研究生，师从方俊。俗话说，名师出高徒，导师在大地测量领域建树非凡，学习和工作有他的指导，许厚泽便很快找到了做科研的感觉和方向。此外，导师的勤勉、严谨之风也促使许厚泽在研究生阶段更加努力钻研，一步一个脚印地在学术道路上往前迈进。

三是自得其法的治学之道

考上研究生后，许厚泽在导师方俊的影响和指导下，很快在地球投影学和解算大地主题方法研究方面显露出过人的才华，《应用等方位线解反大地主题问题》《高斯平面直角坐标由一带到另一带的换算问题》《再论横轴墨卡托投影和高斯－克吕格投影》等成果在国内外大地测量界引起了较大反响，许厚泽还因此在全国测绘科学技术经验交流会上做了专题报告。研究生初期，许厚泽一直集中精力于研究高斯投影，正好也对导师方俊的相关研究成果进行了系统地了解和研习。

五十年代末，为服务国家建设，在导师方俊的指导下，许厚泽转向椭球面重力测量的研究，由此接触到对其科研生涯影响深远的莫洛坚斯基理论。他花费了一年多的时间反复翻阅莫氏著作，最后终于将其弄懂。在研究生毕业论文里，许厚泽提出将其改进，应用到国内的山地重力水准计算中去。答辩时，受到权威专家们的一致肯定，他们甚至认为以许厚泽目前的科研实力，已达到副研究员的聘任水准。

学生时代的许厚泽，在科研上就已经有如此出众的表现，其治学之道值得我们总结、借鉴。这些治学之道也不仅仅表现在学生时期，在其科研生涯的各个阶段均有所体现。

首先是站高望远。他总是站立在巨人的肩膀上远望世界，学大地测量，他找到了全国最厉害的专家方俊当导师，并在研究生初期，将导师的研究成果系统学习一遍。在转向重力测量后，许厚泽又花了大量的时间学习国际上最先进的理论莫氏理论。对前沿理论的关注与研讨，是许厚泽科研生涯里一直不变的习惯。后来在接任测地所所长时也十分注重对外交流，时刻保持与国际上最先进成果的连接。在学科方向上，他总能前瞻性把握其发展态势，率先开拓了我国现代大地测量的多个领域。二十世纪八九十年代，许厚泽率先推动我国空间大地测量学研究及其在地球动力学各领域的应用，领导组建了中国科学院动力大地测量学开放实验室，成为我国最早的系统开展空间大地测量和动力大地测量学研究的开放平台。九十年代以来，许厚泽领导、推动了一系列现代大地测量技术在地球科学各领域的应用，在利用 GPS 监测地壳运动、利用卫星测高资料研究中国近海海域海洋地球物理环境、利用卫星重力技术研究地球流体迁移及大地震信号监测、利用大地测量资料研究地震震源过程等方面，取得了一系列重要成果。进入二十一世纪，他又领导建设了大地测量与地球动力学国家重点实验室，着力打造大地测量学科的国家级研究平台，同时致力于推进我

图结 -2　许厚泽（左）与方俊院士（1992 年）

国重力卫星的研制和国家重大科技基础设施的建设。

　　其次是勤学不辍。无论是地图投影还是重力测量，许厚泽在接触新知识时总是先花时间、下功夫，直到把它们弄懂弄透为止。他的勤奋不仅体现在专业领域的纵深上，也体现在横向学科的补习上，例如对外语、计算机、数学的学习等。

　　最后是融合创新。决定他科研高度的最关键因素就是学以致用、融会贯通、大胆创新。以其研究生毕业论文为例，文章的亮点在于将先进的计算机技术引入经典的莫氏理论中，并进行大胆改进，从而实现其在中国的重力水准计算方面的应用。后来的空间技术大地测量和大地动力学也无一不体现出他的这一重要治学方法。

四是淡定从容的处世风格

　　家庭富足和谐、求学屡遇名师，加上与生俱来的过人天资，许厚泽的起点高于大部分人。在很多人眼里，他的人生路似乎走得格外顺利。其实，他也曾经历数次坎坷，只不过，童年为躲避战火，辗转多地艰难求学

图结-3　许厚泽（左二）在华沙与外国专家交流（2013 年 4 月，参加第十七届国际地球潮汐会议时）

的经历造就了他处事不惊的性格，每每面对变化，总能保持一贯的淡定从容。这种淡定从容，反倒使他在不利局面中找到突破口，将其转化为独特的机遇，不断提高自己。

刚进入大学时，包括许厚泽在内的许多同学都发现自己所选的专业和想象中的差异很大，但他并未被班里严重的"专业情绪"所影响，而是认真对待每一堂课，以平和的心态去融入，去接纳，最终收获意外惊喜；研究生阶段面对政治运动，他也淡然处之，始终坚持科研训练，还抓住培训机会，加强英语和计算机的学习。因此，在研究生制度得以恢复时，他一边准备课程考试，一边出色地完成了毕业论文。"文化大革命"中，许厚泽因职级不高，个人未受到批斗。但测量与地球物理研究所被撤并为武汉地震大队，以地震作为研究重心。将近四十的许厚泽没有任何的抱怨和抵触心理，立刻着手进行固体潮的学习，并利用工作机会，虚心向地震学家梅世蓉、马宗晋请教地震学、地质学、地球物理学的问题。这些知识，为其后来开展交叉学科研究奠定了坚实的基础，在重力场逼近理论、固体地球潮汐形变、动力大地测量学等多项研究中取得了有目共睹的成就。

五是出类拔萃的管理才能

除院士的角色外，他曾经担任科研机构的管理者。在担任中国科学院测量与地球物理研究所所长和武汉分院院长时所做出的突出贡献是他人生中极为精彩的一部分。"抓大放小"是大家对他领导风格的普遍评价。

第一，大胆发展交叉学科。从方俊先生手上接过所长的接力棒时，测地所正面临研究方向单一、学科竞争力不足的困境。若单朝测绘方向发展，则将面临与国家测绘系统的竞争，从当时的现实情况来看，测地所并无优势；若朝着地球物理的方向发展，传统的大地测量在这一学科中所占比重又很轻，难以站稳脚跟。许厚泽在大地测量、重力水准计算、地球固体潮汐等方面的丰富科研经历以及多次参与国际交流，造就了他开阔的科研视角。他坚信中国科学院测量与地球物理研究所不应该局限于单一的学科研究，必须另辟蹊径，大胆发展交叉学科，才能更好地发展测地所。因此，他将测地所的科研方向确定为：从静态地球的定位和重力场观测转向地表位置的运动研究，如重力场的变化；引入先进的卫星技术，突破地表测量的局限，尝试结合空间的方法进行测量；将大地测量学与地质学、地球物理学交叉渗透，开展地球动力学的研究。许厚泽尤其强调最后一点，将其定位为测地所的学科研究使命。也诚如他所言，"我们应该面对世界当前高技术的发展，站在历史的高度，作出经得起历史考验的抉择，才是交叉学科发展的前途"。得益于他高瞻远瞩的谋划，后来的测地所繁荣发展、成果斐然。

第二，真心爱护科研人才。许厚泽宽厚、温和，作为所长，工作上也不拘小节，但在测地所的科研方向把控、硬件条件升级、人才队伍建设、年轻人价值观引导等问题上他绝不含糊。他深知，这些都是决定一个科研机构可持续发展力的关键因素，在任期间，为此做了大量的工作。他爱惜人才、想尽一

图结 -4　许厚泽手迹：对人才培养的思考

切办法引进、留住优秀青年，测地所的后两任所长孙和平、王勇都是许厚泽一手引进、培养起来的，副所长熊熊也是在所里博士毕业后直接留下来工作的。第三，注重使用先进仪器。他注重仪器的引进和研发，测地所所使用的，GWR 超导重力仪、Lacoste G 型重力仪、FG5 绝对重力仪都是他主张并引进的，得益于这些先进仪器，测地所也因此完成了一些别家单位无法完成的科研工作，后来，还与学生罗俊一同开展"精密重力测量研究设施"的项目研究，致力于解决我国精密重力测量仪器缺失的问题。

他学术造诣高，为人正直、宽厚，身上有着很强的亲和力、凝聚力和感染力，在他的带领和影响下，测地所形成了自由、温馨的工作氛围和开放、务实的学术精神，构建起了独特的单位文化。以上这些，都是测地所能在数十年内迅速崛起，并一直保持竞争优势和可持续发展力的重要原因。

六是中正清晰的价值取向

出生在战争年代的许厚泽，从小目睹了日本侵略者对祖国大地的践踏，爱国、强国的情怀早已融入他的血液。第一次出国交流，看到比利时的城市、街道，富丽堂皇，对比当时国内的情况，巨大的差距更让他产生一种强大的责任感，要去推动整个学科的发展，为国之富强奋斗、努力。数十年里，许厚泽一直保持着坚定的学术追求和科学报国的赤子心肠，即使在国内的物质生活得到改善，大环境下学术氛围已不似从前那么纯净的时候，他仍然坚守准则，并将这份坚守传递给年轻的科研人员，"年轻人要好好抓紧当下的大好时光，别整天想着钱"。

许厚泽"视科研如生命"，不仅全力投入到自己的科研工作中去，还竭尽全力地为他人提供帮助，只要是有助于国家科学事业发展的事情，他都乐于效力。"文化大革命"时期，测地所接到了为我国第一颗人造卫星"东方红一号"计算发射站和跟踪站地心坐标的任务，许厚泽受"文化大革命"影响，不能直接参与其中，承担这项任务的同事经常写信请教，他无私地进行指导。科研上的事情，无论是谁需要帮助，许厚泽都会悉心给予指导。他手里正在进行的研究资料都可以拿出来与同事们共享。对待业内同行，也从不讳莫自己的成果和思想，相反，常常主动利他，将做科研和管理的经验、心得，毫无保留地分享出去。许多业内的学者、院士都公开表示过与许厚泽的交流使其受益。

"爱出者爱返，福往者福来"，许厚泽的仁、智和大格局，赢得了整个地学界乃至科学界的尊敬，人们崇敬他的人品，自是乐于与他合作。测地所在他的领导下逐步形成涵盖地球物理学、地球动力学、环境科学及其交叉领域重要科学问题和关键技术问题的研究格局，一些研究成果受到世界关注，所里科研事业的繁荣发展，与许厚泽的个人魅力不无关系。

七是健康的生活方式

许厚泽一直保持着健康的生活方式和乐观积极的心态。他爱好运动，烟酒不沾，做事注重效率，玩就玩，工作就工作。熟悉他的学生和同事都知道，他几乎从不开夜车。许厚泽的业余爱好很广泛，年轻时爱打乒乓球、篮球，后来工作越来越忙，但也一直保留着对京剧的喜爱。他热爱科研，也热爱生活中的新鲜事物，永远保持着一颗孩童般的好奇心。以上这些，造就了他健康的体魄，直至高龄，思维依然敏捷、清晰。

许厚泽院士德高望重、功勋卓著。希望以上对许厚泽院士一生的主观总结和凝练能为后学留下一点可追循的印记与经验。

附录一　许厚泽年表

1934 年

5 月 4 日，出生于南京。父亲许作人，母亲江杏华。排行第四。大姐许桂轩，二姐许蕊仙，大哥许厚熹，弟弟许建光。

1937 年

回故乡安徽歙县。因战争，以后几年不断逃难，曾随父亲到过武汉。

1945 年

毕业于兰州扶轮小学。

1946 年

夏，至上海，入读复兴中学初中二年级。

1948 年

5 月，考入复兴中学高中部。

以第一名的成绩被同济大学测量系录取。

跟随高时浏学习"地球形状"与"重力测量学"课程。

大学毕业，被分配到南京的中科院地理研究所。

9 月，到达南京，进入方俊的大地测量组。

成为中国科学院地理研究所的第一批研究生，师从方俊，继续地理学和大地测量学前沿理论研究。并在南京大学数天系学习数理及天文等课程，在中科院地理研究所随吴传钧学习英语。

提出应用等方位线及高斯投影解算大地主题的方法。

1 月 15 日，于《武汉测量制图学院学报》第 1 期独立发表论文《应用高斯－克吕格投影解大地主题的初步意见》。

2 月 10 日，以第一作者身份于《测绘通报》第 2 期发表论文《两种后方交会计算公式的证明——答读者谭德馨、鲁学功等同志问》。

4 月 2 日，于《测量制图学报》第 1 期独立发表论文《应用等方位线解反大地主题问题》。

2 月，中国科学院测量制图研究室从南京迁至武汉小洪山，许厚泽也随方俊到武汉。

9 月，在北京中科院计算机培训班学习。

10 月 1 日，于《测量制图学报》第 3 期独立发表论文《正形投影坐标变换的一般公式》。

12 月 31 日，以第二作者身份于《测量制图学报》第 4 期发表论文《匈牙利三角测量工作中所用的新方法》；同时于《测量制图学报》第 4 期独立发表论文《关于正反大地主题解算方法的综合研究》。

1959 年

1 月 7 日，中科院测量制图研究室扩建为中国科学院测量制图研究所，许厚泽从大地测量主题问题的研究转向重力学大地测量研究。

1961 年

与杨慧杰、蒋福珍等先后到北京测绘科学院调研。做毕业论文，研究山区天文重力水准网。

1962 年

与杨慧杰、蒋福珍三人一起到西安出差，做平原天文重力水准和山区天文重力水准的数据处理。

4 月 2 日，以第一作者身份于《测绘学报》第 1 期发表论文《利用电子计算机解算天文重力水准问题》。

5 月，完成研究生毕业论文《山区天文重力水准研究》，针对我国重力场较苏联复杂的情况，提出处理天文重力水准测量数据时，要精化中央区域的计算，并用双极系统模块代替莫洛琴斯基的椭圆双曲系统模块，首次在电子计算机上实现。毕业后，任中国科学院测量与地球物理研究助理研究员。

7 月 2 日，以第一作者身份于《测绘学报》第 2 期发表论文《平原天文重力水准的计算模板》。

1963 年

提出推算截断系数的解算方法，改进莫氏计算垂线偏差中维宁·曼乃兹函数的最佳逼近问题，改进权威的莫洛金斯基逼近公式。

12 月 31 日，于《测绘学报》第 4 期独立发表论文《顾及远区域重力异常对垂线偏差影响的计算公式》。

1964 年

12 月 30 日，以第一作者的身份于《测绘学报》第 4 期发表论文《关于重力异常球函数展式的变换》，该论文修正了莫氏方法应用于垂线偏差介标时的缺陷，并把逼近系数的求介归结为一组线性方程组。

1965 年

下半年，作为工作组到湖北应城县参加"四清运动"。

1966 年

3 月至 7 月，主持重力组在国内首先进行垂线偏差对惯性导航的影响及太平洋地区垂线偏差分布的研究。

1967 年

1 月 12 日，与杨慧杰在武汉市登记领取结婚证。春节，与杨慧杰在上海举办婚礼。

1968 年

回到武汉，租住单位团结户房。

4 月，儿子许文进出生。

1970 年

开始固体潮及负荷形变研究，在国内首先发展了一种简便的重力潮汐理论值算法并作了推广使用。

1971 年

从事大量的军事和空间技术测绘保障的研究工作，构建了我国第一个顾及重力资料的全球重力场模型（14阶×14阶），并提交七机部一院使用。

年底，女儿许文颖出生。

1972 年

和新疆地震局合作开展重力固体潮观测。

1973 年

春，与地震所、新疆地震局同志共同完成"Gs-15重力仪试验报告"。

1974 年

同地震所同志改装 CG-2，利用改装后的 CG-2 在南北地震带上进行潮汐观测，并完成 CG-2 重力仪的自动记录及潮汐观测试验。

1975 年

被借调至国家地震局分析预报组，在梅世蓉指导下从事利用重力手段监测地震工作。

1978 年

年底，随方俊访问比利时皇家天文台讨论固体潮合作计划。

1979 年

开始培养硕士研究生。

2 月，任中国科学院测量与地球物理研究所副研究员。

10 月，比利时梅尔基奥尔（Melchior）教授率领比方人员来中国，在武汉、兰州、乌鲁木齐等地安装先进的北美型以及拉科斯特型重力仪开展重力潮汐观测，同时在武汉进行讲学。方俊安排许厚泽担任梅尔基奥尔（Melchior）教授的专业翻译。

12 月，和李庆海、胡明城先生一起参加在澳大利亚堪培拉举行的第十七届IUGG会议，在会上宣读《斯托克斯函数逼近和截断误差估计理论》

论文。当选国际大地测量协会重力测量委员会副主席，为期两届。

年底，完成对国际上适用的维尼迪科夫方法提出应改进达到二阶及三阶位的修正，同朱灼文合作完成试验利用样条函数进行潮汐记录格值的处理。

1980 年

10 月，在鲁汶大学担任客座副教授，为该校研究生讲授"地球形状及外部重力场"课程。同时，在比利时皇家天文台学习固体潮汐。

1981 年

从比利时工作回来时，亲自提回来两台当时国内最先进的拉科斯特重力仪。

3 月 2 日，以第一作者身份于《地球物理学报》第 1 期发表论文《斯托克司函数逼近及截断误差估计》。

8 月 15 日至 9 月 2 日，与方俊、毛慧琴赴美国纽约参加第九届国际固体潮会议，并在会上宣读固体潮相关研究论文。

1982 年

得到德国格鲁腾教授的赏识，推荐其作为洪堡学者去德国，但选择留在国内。

4 月 2 日，以第一作者身份于《地壳形变与地震》第 1 期发表论文《倾斜潮汐观测的海洋潮汐负荷改正》。

5 月 1 日，以第一作者身份于《地球物理学报》第 2 期发表论文《海洋潮汐对重力潮汐观测的影响》。

10 月 7 日，参加中国地球物理学会地球重力场和固体潮重力仪器及其观测技术学术讨论会。

10 月 22 日，参加在北京召开的中国地球物理学会第三届理事会第二次会议。

年底，被任命为测地所副所长。

1 月，赴美国华盛顿参加美国宇航局第五次地球动力学讨论会，在会上宣读论文《不同地球模型对负荷潮汐改正的影响》。

5 月，加入中国共产党，并担任中国科学院测量与地球物理研究所所长。获湖北省特等劳动模范称号。

7 月 2 日，以第一作者身份于《测绘学报》第 2 期发表论文《高度异常计算中的截断误差估计问题》。

8 月，赴德国汉堡参加第十一届国际重力测量委员会和第十八届国际大地测量与地球物理大会，并在会上宣读了论文《精密重力测量的潮汐改正》与《重力观测中负荷改正的精度估计》。被选为国际大地测量协会国际重力测量委员会副主席。

被国务院授予国家级有突出贡献的中青年专家。

1 月，被批准为固体地球物理学博士生导师。

7 月 1 日，于《测绘学报》第 2 期独立发表论文《精密重力测量的潮汐改正》；于《地壳形变与地震》第 2 期独立发表论文《用维尼迪柯夫滤波器作短观测序列的调和分析》。

9 月 23 日至 29 日，与韩天芑赴德国马格德堡参加第五届大地测量和地球物理国际讨论会。

10 月，赴联邦德国波恩参加国际地潮委员会数据处理工作组会议，在会上宣读论文《潮汐应变观测的海潮负荷改正》。

4 月 23 日，申请中国科学院院内科学基金"中国大陆重力潮汐异常分布及其地球物理解释"项目。

5 月 14 日，参加中国测绘学会第三届全国会员代表大会。

6 月 30 日，以第一作者身份于《地球物理学报》第 3 期发表论文《不同地球模型对负荷潮汐改正的影响》。

7月2日，以第一作者身份于《天文学报》第 2 期发表论文《海洋潮汐对天文时纬观测的影响》。

9月23日至10月7日，赴西班牙马德里参加第十届国际地潮会议，在会上宣读两篇论文《中国潮汐剖面的初步结果》与《残层滞弹性球表径和非均匀地球对地表负荷的影响》。

10月7日至11月30日，赴联邦德国达姆斯达特工业大学物理大地测量研究所短期工作，并商讨固体潮合作研究有关事项。

1986 年

在武汉市郊九峰山地区建立动力大地测量中心实验站，继续进行重力固体潮及相关学科的观测与研究工作并参与国际的 GGP 计划。

引进国际上精度最高、全国唯一一台 GWR 超导重力仪及两台 Lacoste G 型重力仪。

7月，开始落实"中国大陆重力潮汐异常分布及其地球物理解释"项目。

9月22日至26日，赴法国土鲁斯参加第十二届国际重力测量委员会，在会上作《新型 CHZ 海洋重力仪的研制与试验》《我国重力网平差问题的计算》《青藏地区重力场特征与高原隆起》学术报告。

10月1日，以第一作者身份于《地震学报》第 3 期发表论文《地表潮汐应变的理论模型》。

11月16日，制订中国大陆重力潮汐观测与研究项目的工作计划。

11月20日，参加 CH2 海洋重力仪鉴定会。

12月23日，完成"中国大陆重力潮汐观测与研究"项目执行报告。

1987 年

7月2日，于《测绘学报》第 2 期发表论文《重力负荷改正的误差估计》。

8月，被选为国际大地测量协会国际地潮常设委员会主席，任国际大地测量协会大地水准面研究委员会委员。

12 月 31 日，以第一作者身份于《测绘学报》第 4 期发表论文《多极子的平面近似解法》。

1988 年

推动成立了中国科学院动力大地测量学开放实验室。

3 月 18 日，"中国大陆重力潮汐异常分布及其地球物理解释"项目结项。

3 月 25 日至 4 月 13 日，参加第七届全国人大第一次会议。

8 月 28 日，"地球重力场逼近理论与高空赋值模式"获 1987 年国家自然科学奖三等奖。

9 月 27 日，以第一作者身份于《中国科学：B 辑》第 9 期发表论文《中国大陆的海洋负荷潮汐改正模型》。

11 月 18 日，参加湖北省地球物理学会成立大会。

11 月 22 日，参加湖北省首届天地生相互关系学术讨论会。

12 月 20 日，"中国大陆重力潮汐观测与研究"项目结项。乌鲁木齐的长序列观测因经费不够未能按计划进行，代之以研究超导重力仪的长序列观测。

12 月 29 日，受聘为鄂州市高新技术专家顾问团顾问。

1989 年

3 月 2 日，以第二作者身份于《地球物理学报》第 1 期发表论文《中国东西重力潮汐剖面》。

7 月 31 日至 8 月 5 日，赴芬兰赫尔辛基参加第十一届国际地潮会议，许厚泽作《地潮委员会主席报告》的报告。

8 月 29 日，以第一作者身份于《地球科学进展》第 4 期发表论文《动力大地测量学——研究地球动态变化的新学科》。

1990 年

6 月 30 日，以第二作者身份于《地球物理学报》第 3 期发表论文

《PREM-ZSCHAU 滞弹地球模型对表面负荷的脉冲响应》。

10 月 1 日，于《测绘学报》第 3 期独立发表论文《大地测量与地球内部物理研究》。

1991 年

当选为中国科学院地学部学部委员（院士）。

8 月 12 日至 24 日，与高布锡、姚华夏赴奥地利维也纳参加第二十届 IUGG 大会，在会上作了地潮委员会工作报告，以及《地核运动与地潮》《超导重力仪现状》《固体潮与海潮的相互作用》的学术报告。

1992 年

3 月 20 日至 4 月 3 日，参加第七届第五次全国人民代表大会。

4 月 20 日，参加中国科学院第六次学部委员大会。

10 月 5 日至 10 日，赴德国波兹坦参加第七届国际大地测量与地球物理讨论会，在会上宣读论文《地幔对流中的环形场激发》。

1993 年

3 月，担任中国科学院武汉分院院长。

3 月 30 日，参加八届全国人大一次会议。

8 月 4 日至 8 月 7 日，在北京主持召开第十二届国际地球潮汐学术会议。

9 月 30 日至 12 月 21 日，赴意大利的里雅斯特国际理论物理中心短期工作。

1994 年

3 月 10 日至 22 日，参加第八届全国人大第二次会议。

6 月 16 日，向刘安国局长汇报关于全球地球动力学研究（GGP）计划和"动力大地测量试验台站"的情况。

12 月 30 日，以第一作者身份于《地球物理学报》第 S1 期发表论文《中国重力测量与研究的进展》。

1995 年

3 月 5 日至 18 日，参加第八届第三次全国人民代表大会。

5 月 10 日，参加中科院第三次分院院长书记联席会。

5 月，参加测绘遥感信息工程国家重点实验室第二届学术委员会第一次全体会议。

10 月 12 日至 15 日，参加"大地测量综合性学术年会暨第二次全体专业委员会议"。

1996 年

3 月 5 日至 17 日，参加第八届全国人大第四次会议。

4 月 15 日至 7 月 15 日，赴意大利的里雅斯特国际理论物理中心（ICTP）客座研究。

8 月 15 日，以第一作者身份于《地球科学进展》第 4 期发表论文《卫星测高在我国大地测量学中的应用前景》。

12 月，参加湖北省南北极科学考察会第一次年会。

12 月 30 日，以第二作者身份于《地球物理学报》第 S1 期发表论文《中国大陆及其邻区岩石层挠曲强度变化和均衡补偿机制》《SNREI 地球模型负荷勒夫数数值计算的新进展》。

1997 年

和各国科学家一起，倡议制订了《国际超导重力仪观测的地球动力学研究计划》。

3 月 17 日，以第二作者身份于《地球物理学报》第 2 期发表论文《欧亚地区均衡残差大地水准面和上地幔强度》。

4 月 15 日，以第二作者身份于《地球科学进展》第 2 期发表论文《国际地球动力学合作项目的实施与展望》。

10 月 1 日，以第一作者身份于《〈地球物理学报〉纪念中国地球物理学会 50 周年专刊》第 40 期发表论文《我国大地重力学和固体潮研究进展》。

12 月，《中国地球重力场与大地水准面》专著出版，参与编写第一章总论部分，并与陆仲连完成该书的统一审校。

12 月 20 日，参加湖北省地球物理学会第三届代表大会。

12 月 30 日，以第一作者身份于《地球物理学报》第 S1 期发表论文《我国大地重力学和固体潮研究进展》。

1998 年

7 月 8 日，以第二作者身份于《科学通报》第 13 期发表论文《中比法三国超导重力仪潮汐观测资料综合对比分析与研究》。

7 月 21 日，在西宁参加"青藏高原国际学术研讨会：形成、演化与可持续发展"。

8 月 15 日至 9 月 13 日，赴意大利的里雅斯特大学地球科学系合作研究，项目为"岩石圈三维密度层析成像技术"，并参加国际大地测量学会重力测量国际学术讨论会。

10 月 5 日，以第一作者身份于《地球科学进展》第 5 期发表论文《我国重力固体潮实验研究进展》。

12 月，参加第九届重力学与固体潮及重力仪器 1998 年重力与地球形状学术研讨会。

1999 年

与赵其国主编的《长江流域洪涝灾害与科技对策》出版。

6 月 30 日，以第一作者身份于《纪念中国测绘学会成立四十周年论文集》发表论文《我国动力大地测量学的进展》。

11 月 2 日，参加庆祝中国科学院成立五十周年座谈会。

11 月 23 日，参加地球动力学系统的重力场和角动量变化高级研讨班。

1 月 27 日至 12 月 7 日，应台湾"中央大学"地球物理系应用地质所所长杨洁豪教授及台湾明新技术学院土木系张瑞刚副教授邀请，赴台湾进行讲学及访问。

2000 年

3 月 9 日至 15 日，与蔡述明赴日本参加中日信息化合作项目工作会议。

6 月 26 日至 7 月 1 日，赴日本参加 2000WPGM 会议。

获杜彭荫刚奖。

2001 年

1 月，《青藏高原的大地测量研究》专著出版，参与第一章青藏高原现代地壳运动观测、第三章青藏高原大地水准面、第四章青藏高原隆升的动力学机制研究三个部分编写工作。

9 月 9 日至 17 日，与吴斌赴奥地利维也纳技术大学进行中奥政府间科技合作项目，合作研究"Ⅵ.B.11 现代空间大地测量技术在地球潮汐研究中的应用"。

2002 年

所指导的研究生罗俊博士的论文《万有引力常数 G 的精确测量》获 2002 年度全国优秀博士论文。

1 月 8 日，被湖北省科学技术期刊编辑学会聘为湖北省科学技术期刊编辑学会名誉理事长。

4 月，参加武汉大学"211 工程"建设项目验收。

9 月 24 日，参加中国地球物理学会中国测绘学会学术研讨会。

12 月，"负荷形变理论及其应用研究"被湖北省人民政府授予自然科学奖三等奖。

2003 年

作为日本京都大学国外评审专家在京都大学 KAGI21 会议上作报告。

9 月 10 日，作为"十五卫星有效载荷技术预研"项目中期评估会专家，参加总装 0911 会议。

11 月，受聘为第五届国际大地测量与地球物理联合会（IUGG）中国委员会委员。

11 月，受聘为第五届国际大地测量协会（IAG）中国委员会委员。

2004 年

4 月 26 日，受聘为中国科学院上海天文台天文地球动力学研究中心顾问。

5 月 12 日，参加"中国全球地震台网"项目论证会。

7 月 4 日至 10 日，与闫吴明赴新加坡天文和空间科技大学参加第一届 AOGS 和第二届 APHW 联合年会。

7 月 8 日，被聘为国家测绘局地球空间信息工程国家测绘局重点实验室第一届学术委员会委员。

9 月 19 日至 25 日，参加第五次空间天气学研讨会暨中国科学院空间天气学研讨会。

10 月 29 日，"卫星测高在中国近海地球物理和海洋动力环境研究中的应用"项目荣获中国测绘学会测绘科技进步奖一等奖。

10 月底，作为会议学术委员会主席，参加长江中游地区生态环境与区域经济发展学术研讨会暨《长江流域资源与环境》杂志编委会议。

11 月 10 日，参加在北京人民大会堂召开的何梁何利基金 2004 年度颁奖典礼暨基金成立十周年纪念大会，获何梁何利基金科学与技术进步奖地球科学奖。

11 月 18 日，参加湖北省天文学会第七次代表大会暨学术报告会。

2005 年

1 月 10 日，被中德"长江流域湿地生态功能区划分"研讨会筹备组聘为研讨会学术委员会委员。

1 月 13 日，受聘为中国科学院研究生院教材编审委员会地学学科编审组编委。

7 月，参加湖北省十堰市新型工业化"十一五"发展规划研讨会。同月获"中国科学院优秀研究生指导教师奖"。

12 月 26 日，讲授的《物理大地测量学基础》课程，被评为 2004 —

2005 学年优秀课程。

2006 年

1 月 4 日，和陈俊勇、李德仁、宁津生等院士前往南极长城站进行为期五天的考察。

6 月，与张捍卫、刘林涛合著的《动力大地测量学中的地球自转理论》专著出版，其为第二作者。

11 月，获评中国科学院测量与地球物理研究所优秀研究生指导教师。

2007 年

所主持的中科院国际合作重点项目"利用 GPS 技术研究东亚地区地壳运动"通过中科院国际合作局组织的验收，评审结果为优秀。

6 月，授予测地所创业者荣誉称号。

6 月 25 日至 26 日，参加在武汉召开的中国科学院测量与地球物理研究所成立五十周年庆典暨东亚大陆地壳运动与构造动力学学术研讨会，作了题为"大地测量科学研究进展"报告。

9 月 10 日至 12 日，作为评审委员会主任，参加中国大陆构造环境监测网络初步设计方案评审会议。

9 月 30 日，作为验收委员会主任和鉴定委员会主任，参加"山东地壳运动 GPS 观测网络"建设项目验收会议暨成果鉴定会。

10 月 29 日，孙和平、许厚泽、李国营等的项目"固体地球潮汐理论和地球动力学应用研究"获测绘科技进步奖一等奖。

2008 年

5 月 10 日，被授予"杰出贡献教师"荣誉称号。

7 月 1 日，许厚泽被评为中科院武汉分院 2007—2008 年度优秀共产党员。

12 月，所指导的博士戴全发的论文《重力匹配导航仿真研究》被评为湖北省优秀博士学位论文。

2009 年

11 月 19 日至 20 日,到香港理工大学访学,作"利用卫星大地测量技术检测全球环境变化"讲座。

2010 年

5 月 3 日至 7 日,参加"南水北调中线工程核心水源区生态经济可持续发展研究咨询"调研活动。

5 月 18 日至 21 日,参加在北京举办的第一届中国卫星导航学术年会会议,为会议分会场 S6 "北斗 /GNSS 测试评估技术"的主席。

12 月,《固体地球潮汐》专著出版,参与第一章引潮位及固体潮汐形变部分的编写。

2011 年

4 月 23 日,参加第二届中国卫星导航学术年会科学委员会暨组织委员会第二次工作会,为会议分会场专题 S09 "卫星导航基础技术及科学应用"的主席。

4 月 30 日,被聘为华中科技大学地球物理研究所所长。

11 月 24 日,"利用重力位差技术实现跨海高程基准的精确传递"项目获测绘科技进步奖一等奖。

2012 年

与云南航天工程物探检测股份有限公司与合作建立了"许厚泽院士工作站"。

3 月 2 日,参加中国大陆构造环境监测网络国家重大科技基础设施国家验收会,为陆态网络科技委员会委员之一。

10 月 23 日至 25 日,以会议执行主席身份参加香山科学会议第四百三十九次学术讨论会精密重力测量会,作了题为"紧跟国际前沿独立自主地发展我国精密重力测量新技术"的报告。

11 月 1 日,"卫星重力反演的关键技术和科学应用"项目获测绘科技进步奖一等奖。

2013 年

主持美国哥伦布亚太空间地球动力学会议（APSG）。

1 月 1 日，被总参谋部测绘研究所地理信息工程国家重点实验室聘为地理信息工程国家重点实验室学术委员会顾问委员。

4 月 15 日，与测地所代表团参加第十七届华沙国际地潮会，并获"国际固体地球潮汐委员会保罗·梅尔基奥尔奖"，国际地潮委员会主席 Pagiatakis 教授颁奖。

6 月 14 日，参加"精密重力测量研究设施"建设项目用户研讨会，为主持人之一，并作题为"重力测量原理、应用与发展趋势"的发言。

9 月 5 日，和罗俊等人参加重力测量技术研讨会会议，并作题为"重力测量技术现状与发展"的报告。

10 月，被湖北省测绘地理信息学会聘为学会第十一届理事会名誉理事长。

2014 年

3 月 31 日，应邀赴香港中文大学进行学术访问，其间顺访了香港理工大学。

4 月 22 日，中国科学院测量与地理物理研究所举行"大地测量研究进展学术研讨会暨庆贺许厚泽院士八十华诞"活动。

10 月 14 日至 16 日，作为验收专家组特邀专家，参加"973"项目"基于精密测量物理的引力及相关物理规律研究"课题结题验收。

10 月 25 日，参加在北京举行的地理国情监测国际学术研讨会暨测绘地理信息科技创新战略联盟揭牌仪式，作了题为《我国水资源变化的空间大地测量监测》的大会报告。

10 月 25 日至 26 日，参加在北京召开的第一届中国大地测量和地球物理学学术大会，作了题为《全球高程基准统一问题》的专题报告。

12 月 18 日至 19 日，参加第八届海军导航学术年会，并作了题为《提高重力辅助水下导航精度的思考》的报告。

2015 年

1 月 12 日至 14 日，参加科技部"863"主题项目 2014 年度工作总结暨研讨会。

4 月，被聘为武汉大学测绘学院实验室荣誉委员。

10 月，撰写的《利用 GRACE 重力卫星监测华北地下水储量变化》获评中国水利学会 2015 年学术年会优秀论文。

2016 年

1 月 15 日，被中国科学院测量与地球物理研究所聘为大地测量与地球动力学国家重点实验室学术委员会顾问。

4 月 12 日，在俄罗斯参加第四届 IGA 地面重力测量研讨会：静态和移动测量。

6 月 20 日，和宁津生、杨元喜等人一起参加现代测量误差理论与数据处理暨周江文先生学术思想研讨会，并在会议上介绍了周江文先生的学术思想。

9 月 6 日，许厚泽在西南交通大学地球科学与环境工程学院进行学术交流，作了题为《中科院测量与地球物理研究所主要科研活动》和《Satellite Gravity Mission Research in China: Progress and Outlook》的学术报告。

10 月 16 日至 18 日，参加在韩国举办的第六届亚太空间地球动力学研讨会。

12 月 17 日，与宁津生、刘先林院士一起参加在北京召开的《测绘科学》创刊四十周年暨第四届编委会会议，作为编委会顾问代表被授予荣誉聘书并致辞。

2017 年

3 月 23 日至 25 日，参加全球导航卫星系统（GNSS）在监测预报中的作用的高级研讨会。

4月20日至22日，参加海上丝绸之路海洋综合调查测量与应用军民融合工程可行性研究报告评审会。

6月23日至24日，受邀参加清华大学第二届"全球水循环与遥感大数据"暨中国第二届"卫星重力与水文学论坛"，为论坛主席之一。

2018 年

1月8日，参与主持的"空间高动态卫星精密定位及其综合测试理论与关键技术及重大应用"项目获2017年度国家科学技术进步奖二等奖。

5月10日，访问同济大学测绘与地理信息学院，并作题为《关于高程系统的思考》的讲座。同日，被中国科学院测量与地球物理研究所研究生部聘为博士学位论文答辩主席，参加大地测量学与测量工程专业博士研究生管栋良的博士论文答辩。

6月26日，参加山东理工大学建筑工程学院测绘科学与技术学术测绘工程专业学位授点评估工作。

11月15日，参加在武汉召开的中国工程地球物理发展战略研讨会。

2019 年

1月11日，参加在广州举行的第五届中国海洋勘测与地理信息新丝路高峰论坛，并作专题报告。

4月28日，在华中科技大学参加由罗俊院士组织的2019年第一届精密测量物理国际研讨会。

2021 年

8月31日，在武汉逝世。

附录二　许厚泽主要论著目录

一、论文

[1] 许厚泽. 应用高斯 - 克吕格投影解大地主题的初步意见 [J]. 武汉测量制图学院学报，1957（00）：69-85.

[2] 许厚泽，李锡其. 两种后方交会计算公式的证明——答读者谭德馨、鲁学功等同志问 [J]. 测绘通报，1957（02）：90，95-97.

[3] 许厚泽. 应用等方位线解反大地主题问题 [J]. 测量制图学报，1957（01）：69-85.

[4] 许厚泽. 高斯平面直角坐标由一带到另一带的换算问题 [M] // 中国科学院地理研究所大地测量组，测量专刊：第五号. 北京：科学出版社，1957.

[5] 许厚泽. 再论横轴墨卡托投影和高斯 - 克吕格投影 [M] // 中国科学院地理研究所大地测量组，测量专刊：第五号. 北京：科学出版社，1957.

[6] 许厚泽. 正形投影坐标变换的一般公式 [J]. 测量制图学报，1958（03）：186-194.

[7] 雷哥锡，许厚泽. 匈牙利三角测量工作中所用的新方法 [J]. 测量制

图学报，1958（04）：215-227.

［8］许厚泽. 关于正反大地主题解算方法的综合研究［J］. 测量制图学报，
1958（04）：274-288.

［9］许厚泽，朱淑霞. 利用电子计算机解算天文重力水准问题［J］. 测绘
学报，1962（01）：35-46.

［10］许厚泽，杨慧杰. 平原天文重力水准的计算模板［J］. 测绘学报，
1962（02）：85-101.

［11］许厚泽. 顾及远区域重力异常对垂线偏差影响的计算公式［J］. 测绘
学报，1963（04）：229-243.

［12］许厚泽，蒋福珍. 关于重力异常球函数展式的变换［J］. 测绘学报，
1964（04）：252-260.

［13］许厚泽. 莫洛琴斯基的扰动位积分方程解［J］. 测量与地球物理集
刊，1965，2：1.

［14］许厚泽，毛慧琴. 地球潮汐理论重力值分量的计算［M］//天文地球
动力学文集. 武汉：中科院测量与地球物理研究所，1978.

［15］许厚泽，李瑞浩，等. 南北地震带上重力潮汐因子的观测［M］//天
文地球动力学文集. 武汉：中科院测量与地球物理研究所，1978.

［16］方俊，许厚泽，张赤军. 我国地球形状及重力场研究的进展［J］. 地
球物理学报，1979（04）：321-325.

［17］许厚泽，高志忠，许尤楠等. 关于 $1° \times 1°$ 平均重力异常的计算［J］.
测量与地球物理集刊，1981，3：81.

［18］许厚泽，朱灼文. 潮汐观测中仪器记录格值观测序列的样条拟合［J］.
测量与地球物理集刊，1981，3：109.

［19］许厚泽，毛慧琴. 关于 Venedikov 调和分析的一点注记［J］. 测量与
地球物理集刊，1981，3：113.

［20］许厚泽，朱灼文. 斯托克司函数逼近及截断误差估计［J］. 地球物理
学报，1981（01）：26-39.

［21］许厚泽. 固体潮研究进展［M］//地球物理文集，1982.

［22］许厚泽. 天体测量中的潮汐改正［J］. 天文学进展，1982，2（2）：

9-20.

［23］Melchior P，许厚泽，Van Ruymbeke M，等．上海天文台佘山观测站的重力潮汐观测［J］．Marees Terrestres Bulletin D'informations，1982（87）．

［24］许厚泽，李瑞浩，骆鸣津，等．鄂西山区天文水准和天文重力水准的测量工作［J］．测量与地球物理集刊，1982，4：139-160.

［25］许厚泽．第九届国际固体潮讨论会在美国纽约举行［J］．测绘学报，1982（01）：78.

［26］许厚泽，陈振邦，杨怀冰．倾斜潮汐观测的海洋潮汐负荷改正［J］．地壳形变与地震，1982（01）：1-6.

［27］许厚泽，陈振邦，杨怀冰．海洋潮汐对重力潮汐观测的影响［J］．地球物理学报，1982（02）：120-129.

［28］蒋福珍，许厚泽，张赤军．用卫星测高资料估算洋区的垂线偏差和重力异常［J］．测绘学报，1982（03）：157-162.

［29］许厚泽．全国第一次地球重力场及固体潮学术讨论会［J］．地球物理学报，1983（01）：100.

［30］方俊，许厚泽，张赤军．我国精密重力的相对联测［J］．科学通报，1983（10）：610-613.

［31］许厚泽，杨怀冰．高度异常计算中的截断误差估计问题［J］．测绘学报，1983（02）：95-102.

［32］许厚泽．天文重力水准计算公式的改化［J］．测量与地球物理集刊，1984，5：79-84.

［33］许厚泽，毛伟健．重力观测中负荷潮汐改正的精度估计［J］．Marine Geophysical Researches，1984，7.

［34］许厚泽，朱灼文．地球外部重力场的虚拟单层密度表示［J］．中国科学（B辑），1984（06）：575-580.

［35］许厚泽．精密重力测量的潮汐改正［J］．测绘学报，1984（02）：88-93.

［36］许厚泽．用维尼迪柯夫滤波器作短观测序列的调和分析［J］．地壳形

变与地震，1984（02）：148-151.

［37］H. T, Hsu, Zhu Zhuowen. Representation of gravity field outside the earth using fictitious single layer density［J］. Science in China，Ser. B，1984（09）：985-992.

［38］P Melchior，方俊，B Ducarme，许厚泽，等. 中国固体潮观测研究［J］. 地球物理学报，1985（02）：142-154.

［39］许厚泽，毛伟建. 不同地球模型对负荷潮汐改正的影响［J］. 地球物理学报，1985（03）：282-290.

［40］朱灼文，许厚泽. DISCRETE EXTERIOR BOUNDARY VALUE PROBLEM IN CONSIDERATION OF LOCAL TOPOGRAPHIC EFFECT［J］. Science in China（B），1985（06）：662-671.

［41］许厚泽，郭丰美，陈振邦，等. 海洋潮汐对天文时纬观测的影响［J］. 天文学报，1985（02）：162-171.

［42］许厚泽，蒋福珍，操华胜. 用直接法计算高空扰动重力［J］. 测量与地球物理集刊，1986，8：71-86.

［43］许厚泽，毛伟建，张勇. 地表潮汐应变的理论模型［J］. 地震学报，1986（03）：275-284.

［44］许厚泽. 重力负荷改正的误差估计［J］. 测绘学报，1987（02）：95-102.

［45］许厚泽，朱灼文，张刚鹏. 多极子的平面近似解法［J］. 测绘学报，1987（04）：248-254.

［46］许厚泽，毛慧琴，杨怀冰，等. 中国沿海重力潮汐剖面的初步分析［M］// 中国科学院测量与地球物理研究所. 固体潮论文集：第一集. 北京：测绘出版社，1988：43-50.

［47］许厚泽，毛伟建. 中国大陆的海洋负荷潮汐改正模型［J］. 中国科学（B辑），1988（09）：984-994.

［48］毛慧琴，许厚泽，宋兴黎，等. 中国东西重力潮汐剖面［J］. 地球物理学报，1989（01）：62-69.

［49］Hsu H T, Mao Weijian. Loading correction of ocean tides in the mainland of China［J］. Science in China，1989，32（05）：618−630.

［50］许厚泽，王广运. 动力大地测量学——研究地球动态变化的新学科［J］. 地球科学进展，1989（04）：9−15.

［51］Becker M，Groten E，Tao G X，et al. Comparsion of gravity tide observations by ET16 and ET21 at Wuchang station of China［J］. Bull Inf Marees Terrestre，1989，104：7379−7394.

［52］Hsu H T，G Song，X Baker，et al. Gravity tidal datum at Wuchang of China［C］. Preceeding of the 11th International Symposium on Earth Tides，1989，1：187.

［53］许厚泽，肖强. 地球潮汐理论模拟的进展［M］∥祝贺陈永龄八十寿辰文集，1989.

［54］许厚泽，王广运. 大地测量学的新挑战——动力大地测量学的诞生与进展［J］. 测量与地球物理集刊，1990，11：1.

［55］肖强，许厚泽. PREM−ZSCHAU 滞弹地球模型对表面负荷的脉冲响应［J］. 地球物理学报，1990（03）：319−328.

［56］许厚泽，陶国祥，毛慧琴，等. 中国武昌重力潮汐基准［C］∥中国地球物理学会. 1990 年中国地球物理学会第六届学术年会论文集. 中国地球物理学会，1990：215.

［57］许厚泽. 空间技术在地潮研究中的作用［C］∥中国地球物理学会. 1990 年中国地球物理学会第六届学术年会论文集. 中国地球物理学会，1990：216.

［58］许厚泽. 大地测量与地球内部物理研究［J］. 测绘学报，1990（03）：208−215.

［59］M. Becker，E. Groten，陶国祥，许厚泽. ET 型潮汐重力仪的改进［J］测绘学报，1990（03）：229−235.

［60］许厚泽. 利用局部重力资料改善高阶地球重力场模型［M］∥动力大地测量学进展. 北京：地震出版社，1991.

［61］Chuncao L，Houze X U，Xinghua H，et al. Studies on gravity tides in King George Island，Antarctica［J］. Science China−chemistry，1993，

36（3）：350-357.

［62］许厚泽. 地球在日月引力作用下的受迫运动与地球的自由运动评述
［M］//中国科学院测量与地球物理研究所. 祝贺方俊院士九十寿辰
论文集. 北京：测绘出版社，1994.

［63］许厚泽，蒋福珍，张赤军. 重力变化和青藏高原隆起［M］//中国科
学院测量与地球物理研究所. 祝贺方俊院士九十寿辰论文集. 北京：
测绘出版社，1994：108-112.

［64］陆洋，许厚泽. 区域高阶重力场模型与青藏地区局部位系数模型［J］.
地球物理学报，1994（04）：487-498.

［65］许厚泽，王谦身，陈益惠. 中国重力测量与研究的进展［J］. 地球物
理学报，1994（S1）：339-352.

［66］Houtse Hsu，Yang Lu. The regional geopotential model in China［J］.
Bolletino Di Geodesia E Scienze Affini，1995，2.

［67］H. T. Hsu，X. L. Li. Geoid Undulation Caused by the Heterogeneity
of the Lithosphere and Mantle in Qinghai-Xizang Plateau，China［M］//
Gravity and Geoid. Springer Berlin Heidelberg，1995.

［68］郝兴华，许厚泽，吕纯操. 南极中山站固体潮观测分析［J］. 南极研
究，1995（03）：115-118.

［69］方剑，许厚泽. 青藏高原及邻区岩石圈三维密度结构［C］// 中国
地球物理学会. 1995 年中国地球物理学会第十一届学术年会论文集.
中国地球物理学会，1995：50.

［70］许厚泽，陆洋. 卫星测高在我国大地测量学中的应用前景［J］. 地球
科学进展，1996（04）：11-16.

［71］王勇，许厚泽. 成层自重弹性 - 粘弹性半空间内膨胀源引起的地表
形变和重力变化［J］. 地震学报，1997（04）：73-77.

［72］Houtse Hsu，Yong Wang，Weiming Zhang. Test Results of FG5/112
Absolute Gravimeter at Wuhan Station［J］. International Association of
Geodesy Symposia，1997，117：15-19.

［73］许厚泽，张赤军. 我国大地重力学和固体潮研究进展［J］. 地球物理

学报，1997（S1）：192-205.

[74] 孙和平，许厚泽，B Ducarme，et al. 中比法三国超导重力仪潮汐观测资料综合对比分析与研究［J］. 科学通报，1998（13）：3-5.

[75] 许厚泽，孙和平. 我国重力固体潮研究进展［C］// 中国地球物理学会. 1998年中国地球物理学会第十四届学术年会论文集. 中国地球物理学会，1998：395.

[76] 徐建桥，许厚泽，孙和平，等. 利用超导重力仪观测资料检测地球近周日共振［C］// 中国地球物理学会. 1998年中国地球物理学会第十四届学术年会论文集. 中国地球物理学会，1998：397.

[77] 许厚泽，孙和平，徐建桥，等. 武汉国际重力潮汐基准研究［C］// 中国地球物理学会. 1998年中国地球物理学会第十四届学术年会论文集. 中国地球物理学会，1998：411.

[78] 许厚泽，孙和平. 我国重力固体潮实验研究进展［J］. 地球科学进展，1998（05）：3-5.

[79] 许厚泽，蒋福珍，张赤军. 我国动力大地测量学的进展［C］// 纪念中国测绘学会成立四十周年论文集. 中国测绘学会科技信息网分会，1999：19-27.

[80] 许厚泽，王海瑛，陆洋，等. 利用卫星测高数据推求中国近海及邻域大地水准面起伏和重力异常研究［J］. 地球物理学报，1999（04）：3-5.

[81] D Crossley，J Hinderer，G Casula，H T Hsu，et al. Network of superconducting gravimeters benefits a number of disciplines［J］. Eos, Transactions, American Geophysical Union. 1999, 80（11）：121-126.

[82] Xu H, Sun H, Xu J, et al. International tidal gravity reference values at Wuhan station［J］. Science in China（D），2000, 43（1）：77-83.

[83] Lu Y, Hsu H T, Jiang F Z. The regional geopotential model to degree and order 720 in China［J］. 2000：143-148.

[84] Liu L, Xu H, Sun H, et al. Wavelet approach to the determination of gravity tide parameters［J］. Science in China（D），2000, 43（2）：

158－165.

［85］熊熊，许厚泽，蒋福珍．利用重力资料精化大陆岩石圈热结构的理论模型［J］．地壳形变与地震，2000（01）：17－21.

［86］李平，许厚泽，卢造勋，等．面波频散反演的数值模拟［J］．地壳形变与地震，2000（01）：22－29.

［87］李平，许厚泽．地球物理抗差估计和广义逆方法［J］．地球物理学报，2000（02）：232－240.

［88］许厚泽，蒋福珍，张赤军．我国动力大地测量学的进展［J］．地球科学进展，2000（02）：127－133.

［89］郝晓光，许厚泽，刘大杰．地球的重力聚点与参数椭球的地球重力学性质［J］．测绘学报，2000（02）：109－113.

［90］许厚泽，孙和平，徐建桥，等．武汉国际重力潮汐基准研究［J］．中国科学（D辑），2000（05）：549－553.

［91］彭碧波，吴斌，许厚泽．应用人卫激光测距技术测定潮汐形变勒夫数［J］．测绘学报，2000（04）：305－309.

［92］Yong W，Houze X，Jigang Z．High resolution bathymetry of China seas and their surroundings［J］．Chinese ence Bulletin，2001，46（19）：1661－1664.

［93］熊熊，滕吉文，许厚泽．地幔热柱动力学研究的新进展［J］．地球物理学进展，2001（01）：62－69.

［94］王勇，许厚泽，詹金刚．中国近海 TOPEX/Poseidon 卫星测高海平面变化的 CPCA 分析［J］．测绘学报，2001（02）：173－178.

［95］许厚泽，蔡述明，薛怀平，等．遥感及 GIS 在洪涝灾害监测与评估中的应用［C］//湖北省科学技术协会．新世纪科技与湖北经济发展——2001首届湖北科技论坛论文集．湖北省科学技术协会，2001：38－40.

［96］马宗晋，陈鑫连，叶叔华，许厚泽，等．中国大陆区现今地壳运动的 GPS 研究［J］．科学通报，2001（13）：1118－1120，1145.

［97］雷湘鄂，许厚泽．解算液核自由章动常数的三频谱线法［J］．中国科

学（D 辑），2001（09）：727-734.

［98］许厚泽. 卫星重力研究：21 世纪大地测量研究的新热点［J］. 测绘科学，2001（03）：1-3.

［99］许厚泽，沈云中. 利用 CHAMP 卫星星历恢复引力位模型的模拟研究［J］. 武汉大学学报（信息科学版），2001（06）：483-486.

［100］Yun S, Hou H. Time Series Correlated Error's Simulation Scheme with the Application to Simulate the Ephemerides Error of CHAMP［J］. Acta Geodaetica Et Cartographic Sinica，2002.

［101］SHEN Yun zhong, HSU Hou tse. Time Series Correlated Error's Simulation Scheme with the Application to Simulate the Ephemerides Error of CHAMP［J］. 测绘学报，2002.

［102］Lei X, Xu H, Sun H, et al. Check of free oscillation signal with SG data［J］. Science Bulletin，2002，47（18）：1573-1578.

［103］Fang J, Hsu H T. A study of the depth of geoid anomaly source in China and its adjacent regions.［J］. Chinese Journal of Geophysics，2002.

［104］许厚泽. 基于 CHAMP 卫星资料的新一代全球重力场模型［C］// 中国测绘学会科技信息网分会. 地理空间信息技术与应用——中国科协 2002 年学术年会测绘论文集. 中国测绘学会科技信息网分会，2002：22.

［105］雷湘鄂，许厚泽，孙和平. 利用超导重力观测资料检测地球自由振荡［J］. 科学通报，2002（18）：1432-1436.

［106］沈云中，许厚泽. 基于积分方程正则化的重力异常超定问题解法［J］. 同济大学学报（自然科学版），2002（11）：1337-1341.

［107］许厚泽. 地球各圈层相互作用的大地测量研究和检测［J］. 大地测量与地球动力学，2002（04）：1-5.

［108］许厚泽，陆洋，张克非. 测高-重力边值问题的局部剪裁解［J］. 测绘学报，2002（S1）：12-15.

［109］沈云中，许厚泽. 应用 CHAMP 星历精化地球重力场的正则化算法与模拟结果［J］. 测绘学报，2003（01）：11-14.

［110］王勇，许厚泽. 青藏高原印度板块向欧亚大陆俯冲速率的研究——GPS 观测资料的反演结果［J］. 地球物理学报，2003（02）：185-190.

［111］许厚泽. 重力测量技术及重力学研究进展——廿三届 IUGG 大会评述［J］. 地理空间信息，2003（03）：3-4.

［112］许厚泽. 重力观测在中国地壳运动观测网络中的作用［J］. 大地测量与地球动力学，2003（03）：1-3.

［113］罗俊，许厚泽. 万有引力常数 G 的精确测量（英文）［J］. 中国科学院研究生院学报，2003（03）：368-375.

［114］熊熊，许厚泽，滕吉文，等. 青藏高原及邻区地幔对流应力场及地球动力学含义［J］. 武汉大学学报（信息科学版），2003（06）：692-696.

［115］许厚泽，孙和平. 国际 GGP 计划和武汉超导重力仪观测［J］. 武汉大学学报（信息科学版），2003（S1）：18-22.

［116］Lu Y, Hsu H T. Pseudo-harmonic representation of gravity field over South China Sea［J］. 2004：115-119.

［117］鲍李峰，陆洋，许厚泽. 浅海区域 Topex/Poseidon 测高卫星数据波形重构方法［J］. 地球物理学报，2004（02）：216-221.

［118］柳林涛，许厚泽. 航空重力测量数据的小波滤波处理［J］. 地球物理学报，2004（03）：490-494.

［119］雷湘鄂，许厚泽，孙和平. 由 5 个国际超导重力仪台站资料检测到的秘鲁 8.2 级大地震所激发的球型自由振荡现象［J］. 中国科学（D），2004（05）：483-491.

［120］许厚泽，熊熊. 东北亚大陆地壳运动的 GPS 研究［J］. 大地测量与地球动力学，2004（04）：1-6，48.

［121］Zhang C D, Hsu H T, Wu X P, et al. An alternative algebraic algorithm to transform Cartesian to geodetic coordinates［J］. Journal of Geodesy, 2005, 79（8）：413-420.

［122］楼立志，许厚泽. 模拟大地水准面应用于 GPS 水准内插的研究［J］. 武汉大学学报（信息科学版），2005（01）：47-50.

[123] 许厚泽，周旭华，彭碧波. 卫星重力测量［J］. 地理空间信息，2005（01）：1-3.

[124] 张捍卫，许厚泽，张超. 应用精密引潮力位展开建立刚体地球章动序列［J］. 地球物理学报，2005（03）：567-573.

[125] 沈云中，许厚泽，吴斌. 星间加速度解算模式的模拟与分析［J］. 地球物理学报，2005（04）：807-811.

[126] 许厚泽，柳林涛，王勇，等. 利用 GPS 技术反演中国大陆 2004 年的水汽变化［C］// 湖北省科学技术协会，湖北省气象学会. 第三届湖北省科技论坛气象分论坛暨 2005 年湖北省气象学会学术年会学术论文详细文摘汇集. 湖北省科学技术协会，2005：11-16.

[127] Luying C，Houze X U. General inverse of Stokes，Vening-Meinesz and Molodensky formulae［J］. Science China-earth Sciences，2006，49（5）：499-504.

[128] 周旭华，许厚泽，吴斌，等. 用 GRACE 卫星跟踪数据反演地球重力场［J］. 地球物理学报，2006（03）：718-723.

[129] 孙和平，许厚泽，陈武，等. 香港地区重力固体潮和海潮负荷特征研究［J］. 地球物理学报，2006（03）：724-734.

[130] 楼立志，方剑，许厚泽. 界面起伏对模拟大地水准面的影响［J］. 同济大学学报（自然科学版），2006（06）：848-852.

[131] 许厚泽. 我国精化大地水准面工作中若干问题的讨论［J］. 地理空间信息，2006（05）：1-3.

[132] 韩保民，许厚泽. 重力场恢复中的基于星载 GPS 的低轨卫星简化动力学定轨方法研究［J］. 地球物理学进展，2007（01）：73-79.

[133] 许厚泽，张赤军. 方俊先生与地球物理事业［C］// 辉煌的历程——回顾中国地球物理学会 60 周年专刊. 中国地球物理学会，2007：153-158.

[134] 许厚泽，常金龙，钟敏. 联合卫星重力和卫星测高研究全球海平面的变化趋势［C］// 中国地球物理学会. 中国地球物理学会第二十三届年会论文集. 中国地球物理学会，2007：51-53.

［135］许厚泽，詹金刚，王勇，等．我国近海 1992 ～ 2006 年海平面变化的小波分析及上升趋势［C］// 中国地球物理学会．中国地球物理学会第二十三届年会论文集．中国地球物理学会，2007：525．

［136］许厚泽．基于重力场信息的水下辅助导航方法研究［J］．潜艇学术研究，2008，2．

［137］唐元义，许厚泽．物理大地测量边值问题的自然边界元解法［J］．武汉理工大学学报（交通科学与工程版），2008（01）：146-148．

［138］程芦颖，许厚泽．Moritz 解析延拓解与 Bjerhammar 虚拟球面解的等价性［J］．海洋测绘，2008（03）：6-7，23．

［139］许厚泽，钟敏，张子占，等．卫星重力勘探技术及其在我国水资源变化监测中的应用［C］// 中国地球物理学会．中国地球物理学会第二十四届年会论文集．中国地球物理学会，2008：54-55．

［140］钟敏，段建宾，许厚泽，等．利用卫星重力观测研究近 5 年中国陆地水量中长空间尺度的变化趋势［J］．科学通报，2009，54（009）：1290-1294．

［141］汪汉胜，WU Patrick，许厚泽．冰川均衡调整（GIA）的研究［J］．地球物理学进展，2009，24（06）：1958-1967．

［142］冯伟，钟敏，江敏，许厚泽．联合卫星测高和模式资料研究海水热含量变化［J］．地球物理学报，2010，53（07）：1562-1570．

［143］郑伟，许厚泽，钟敏，等．地球重力场模型研究进展和现状［J］．大地测量与地球动力学，2010，30（04）：83-91．

［144］郭东美，许厚泽．局部地形改正的奇异积分研究［J］．地球物理学报，2011，54（04）：977-983．

［145］郭东美，许厚泽．基于方差分量估计的局部似大地水准面精化拟合模型［J］．地球物理学进展，2011，26（03）：813-818．

［146］Zheng W，Hsu H，Zhong M，et al. Precise Recovery of the Earth's Gravitational Field With GRACE: Intersatellite Range-Rate Interpolation Approach［J］. IEEE Geoscience & Remote Sensing Letters，2012，9（3）：422-426．

[147] 冯伟，钟敏，许厚泽. 联合卫星重力、卫星测高和海洋资料研究中国南海海平面变化 [J]. 中国科学：地球科学，2012，42（03）：313-319.

[148] 许厚泽，陆洋，钟敏，等. 卫星重力测量及其在地球物理环境变化监测中的应用 [J]. 中国科学：地球科学，2012，42（06）：843-853.

[149] 冉将军，许厚泽，沈云中，等. 新一代GRACE重力卫星反演地球重力场的预期精度 [J]. 地球物理学报，2012，55（09）：2898-2908.

[150] Crossley D，Hinderer J，Casula G，Hsu H T，et al. Network of Superconducting Gravimeters Benefits a Number of Disciplines [J]. Eos Trans Agu，2013，80（11）：121-126.

[151] 郭东美，许厚泽. 基于统计检验法研究Amurian板块相对独立性 [J]. 地球物理学报，2013，56（04）：1246-1252.

[152] 王新胜，方剑，许厚泽. 青藏高原东北缘岩石圈三维密度结构 [J]. 地球物理学报，2013，56（11）：3770-3778.

[153] 冉将军，许厚泽，钟敏，等. 利用GRACE重力卫星观测数据反演全球时变地球重力场模型 [J]. 地球物理学报，2014，57（04）：1032-1040.

[154] 许厚泽，罗俊，周泽兵，等. 跟紧国际前沿独立自主地发展我国精密重力测量新技术 [C] //祝贺滕吉文院士八十寿辰论文集，2014.

[155] 许厚泽. 关于高程系统的思考 [J]. 地理空间信息，2016，14（01）：1-4.

[156] 许厚泽. 全球高程系统的统一问题 [J]. 测绘学报，2017，46（08）：939-944.

二、著作

[1] 巴格拉图尼. 解算长距离大地正反问题的指南和用表 [M]. 许厚泽，

译．北京：测绘出版社，1957.

［2］巴格拉图尼．卡·弗·高斯大地测量研究简述［M］．许厚泽，王广运，译．北京：测绘出版社，1957.

［3］赫里斯托夫 W K．克拉索夫斯基椭圆体上的高斯和地理坐标［M］．许厚泽，译．北京：测绘出版社，1959.

［4］许厚泽，陆仲连．中国地球重力场与大地水准面［M］．北京：解放军出版社，1997.

［5］许厚泽，赵其国．长江流域洪涝灾害与科技对策［M］．北京：科学出版社，1999.

［6］许厚泽，等．青藏高原的大地测量研究［M］．武汉：湖北科学技术出版社，2001.

［7］张捍卫，许厚泽，柳林涛．动力大地测量学中的地球自转理论［M］．北京：中国科学技术出版社，2006.

［8］许厚泽．固体地球潮汐［M］．武汉：湖北科学技术出版社，2010.

［9］许厚泽．许厚泽院士文集［M］．北京：科学出版社，2014.

参考文献

著作

［1］孙和平. 中国科学院测量与地球物理研究所综合年鉴：1957—2004［M］. 北京：科学出版社，2007.

［2］许厚泽. 许厚泽院士文集［M］. 北京：科学出版社，2014.

［3］朱益新. 歙县志［M］. 北京：中华书局，1995.

［4］湖北省科学技术协会. 科学家的故事：湖北院士风采［M］. 广州：世界图书广东出版公司，2013.

［5］方俊. 从练习生到院士——方俊自述［M］. 长沙：湖南教育出版社，2012.

［6］孙鸿烈. 20 世纪中国知名科学家学术成就概览·地学卷·地球物理学分册［M］. 北京：科学出版社，2010.

［7］中国科学院上海天文台. 天文地球动力学文集（1978）［M］. 1979.

［8］汪季贤. 测绘院士风采录［M］. 北京：测绘出版社，2000.

［9］中国科学院测量与地球物理研究所. 祝贺方俊院士九十寿辰论文集［M］. 北京：测绘出版社，1994.

［10］齐曼. 知识的力量：科学的社会范畴［M］. 许立达，译. 上海：上海科学技术出版社，1985.

论文

［1］潘显章. 经天纬地谱华章——记大地测量和地球物理学家许厚泽院士［J］. 政策，2001（11）：54-56.

［2］李鹏. 中国副博士研究生培养制度的历史考察［J］. 当代中国史研究，2013，20（03）：36-40，124.

［3］Jochmann. Berechnung von Länge und Azimut einer geodafischen Linie mit Hilfe der Loxodrome［J］. Vermessungstechnik Heft 12，1995：227-230.

［4］许厚泽. 应用等方位线解反大地主题问题［J］. 测量制图学报，1957（01）：69-85.

［5］Hristow. Allogemeine Formeln Zur Transformation Zueischen Zwei Gauβ-Krügerschen Streifen Z. f. V.［J］. 1941：283.

［6］许厚泽. 正形投影坐标变换的一般公式［J］. 测量制图学报，1958（03）：186-194.

［7］方俊. 三十年来苏联在测量学上的成就［J］. 测绘通报，1955（01）：8.

［8］我国交叉学科创新和发展的积极开拓者——记中国科学院院士许厚泽研究员［J］. 学习与实践，1998（12）：63，64.

［9］许厚泽，等. 鄂西山区天文水准和天文重力水准的测量工作［J］. 测量与地球物理集刊，1982.

［10］许厚泽，朱灼文，张刚鹏. 多极子的平面近似解法［J］. 测绘学报，1987（04）：248-254.

［11］许厚泽. 顾及远区域重力异常对垂线偏差影响的计算公式［J］. 测绘学报，1963（04）：229-243.

［12］Doodson A T. The harmonic development of the tide generating potential［J］. Proceeding of Royal Society of London，Series A，1921，100（704）：305-329.

［13］许厚泽，朱灼文. 斯托克司函数逼近及截断误差估计［J］. 地球物理学报，1981（01）：26-39.

［14］许厚泽，毛慧琴. 关于 Venedikov 调和分析的一点注记［J］. 测量与地球物理集刊，1981，3.

［15］许厚泽. 用维尼迪柯夫滤波器作短观测序列的调和分析［J］. 地壳形变与地震，1984（02）：148-151.

［16］夏炎. 许厚泽：开路先锋［J］. 中国科技奖励, 2009（09）：61-64.

［17］许厚泽. 莫洛琴斯基的扰动位积分方程解［J］. 测量与地球物理集刊, 1985.

［18］许厚泽, 陆洋. 卫星测高在我国大地测量学中的应用前景［J］. 地球科学进展, 1996（04）：11-16.

［19］刘岩松, 马玲, 舒鹏. 呕心沥血地球探秘 风雨兼程终生无悔——记我国大地测量与地球物理学家许厚泽院士［J］. 海峡科技与产业, 2016（09）：5.

［20］毛慧琴, 许厚泽, 宋兴黎, 等. 中国东西重力潮汐剖面［J］. 地球物理学报, 1989（01）：62-69.

［21］马宗晋, 陈鑫连, 叶叔华, 等. 中国大陆区现今地壳运动的 GPS 研究［J］. 科学通报, 2001（13）：1118-1120, 1145.

［22］许厚泽, 陆洋, 张克非. 测高－重力边值问题的局部剪裁解［J］. 测绘学报, 2002, 31：12-15.

［23］中国科学院测量与地球物理研究所. 机构简介 [EB/OL].（2018-04-00）［2019-09-15］. http://www.whigg.ac.cn/gkjj/jgjj/.

［24］上海市复兴高级中学官网－学校概况 [EB/OL]. http://fuxing.sh.cn/SDFZB/revivalChannel/101-7779-4524.

［25］盘点 30 年来高等教育十大变革 [EB/OL]. https://edu.qq.com/a/20150626/039752.htm.

［26］倪佳. 1956 年 1 月 14 日党中央号召"向科学进军"［N］. 解放日报, 2019-01-14（2）.

［27］三年困难时期中科院为何不批斗科学家"右派"[EB/OL]. http://phtv.ifeng.com/program/fhdsy/200911/1105_1720_1422261_2.shtml.

［28］王勇. 许院士待我如亲人［J］. 定位, 2014（2）：64.

［29］熊熊. 遇到许老师是人生中幸福的事［J］. 定位, 2014（2）：65.

［30］活到老学到老的科学家［J］. 定位, 2014（2）：23.

［31］吴晓平. 许院士是充满人格魅力的科学家［J］. 定位, 2014（2）：57.

［32］宁津生. 与许院士学业同窗, 事业同路［J］. 定位, 2014（2）：41.

［33］蒋福珍. 许院士时刻以国家为重［J］. 定位, 2014（2）：61.

［34］活到老学到老的科学家［J］. 定位, 2014（2）：22.

［35］杨元喜. 许先生是真正的"学"者［J］. 定位, 2014（2）：46.

［36］沈云中. 许先生既是长者, 也是亲人［J］. 定位, 2014（2）：58.

［37］魏子卿. 许院士是"军测通"［J］. 定位，2014（2）：42.

［38］快乐的许老［J］. 定位，2014（2）：30.

［39］熊熊. 遇到许老师是人生中最幸福的事［J］. 定位，2014（2）：65.

后 记

因为疫情和许厚泽先生的身体状况，我们已有好长时间没能去看望他了。这位科学上极其严谨，生活中却又特别亲和的科学家老人，是我们心中的牵挂。就在我们计划结项之前专程前去看望并听取许老意见的时候，2021 年 8 月 31 日传来噩耗，我们敬爱的许厚泽院士永远地离开了。

许院士对采集工作的支持令我们感动。许院士这样卓有见识的科学家，对人生经历、学术史料和公共文献，超乎寻常地珍视。许院士对采集工作的态度，既饱含着他对大地测量科学的钟爱，又有着他对年轻人事业成长的真心扶持和对我国科技事业发展的拳拳之心。

大约是 2018 年 2 月间，我们第一次前往东湖附近的中科院测量与地球物理研究所，听取许院士对采集工作的意愿。准时到来的许院士热情地把我们迎进了他的办公室。听说我们是档案和史学专业的，许老表现出浓厚的兴趣，他举例强调档案管理在科学研究中越来越重要，并说自己就是文史爱好者，也是档案工作的支持者，还在此之前将部分证书和资料交给了湖北省档案馆保存，另外，也多次提到自己在资料采集方面做得还不够，有些散存的研究资料已经缺失了，十分可惜。我们也拿案头准备的一点儿地球物理知识向院士讨教，许老生动的讲解让我们理解了什么是"固体潮"，还有大地测量科学在经济建设和国防建设中的意义。在那张门生写给他的"厚德泽福"条屏前，我们留下了第一张合影。当许院士带我们到地下室收集资料，途经办公楼一层看到方俊院士的雕像时，他的眼里流露出怀想和骄傲，说正是雕像基座上方先生留下的这"勤能补拙"四字所训，正是恩师方俊院士的这种治学信念，深刻地影响了他的学术生涯。

2018年6月，我们开始了对许院士学术成长史料的正式采集和访谈，其间经历的有些情节让人动容。许老开朗豁达、思维清晰、语言风趣，而且非常守时。他按我们的话题讲自己的故事，他在办公室陪我们翻箱倒柜，只要他认为可以给我们的材料他都舍得，还抱歉因多次搬家导致不少旧物遗失。其间，出于院士身体方面的考虑，我们的直接访谈暂缓了一段时间。但生怕因为自己而延误了采集进度，在手术后不久他即主动联系我们访谈。病床前的他依然是那么的乐观。讲述到那些和同事们一起日日夜夜的科研岁月，依然满是铿锵热血、心怀希冀，一如他的弟子罗俊院士所言，"视科研如生命"。他在痛失夫人的阴郁日子里接受我们的访谈，更将支持采集工作当成一项于公于私都有意义的事业。他一次次地热心帮我们订正访谈整理稿中的名词和音译错误，耐心细致地帮我们辨识拟采收的手稿内容和照片中的人物。大约正是我们在资料采集中关于专业问题一遍又一遍的细致询问、一沓又一沓标记与校正过的稿纸、一次又一次详尽的采访记录与复核……他才表扬我们的采集工作系统、全面、主动、踏实，我们也在心里庆幸能走近这样一位学识专深、学风严谨而又和蔼可亲的科学大师。

我们采集小组成员来自档案、大地测量、历史、博物和图书馆等专业。王晓炜负责采集工作的联络和具体组织实施，付婉军、陈娟、刘莉娟、吴漾、郑韵涵全程参与了采集访谈和资料整理。朱沛沛、王耀、彭益民、张艳、胡皓、杨笑颜、赵偲吉、杨佳敏、石羽岑、赵吴凡、颜巧雅等参与了部分沟通及史料清理工作。王晓炜、付婉军、华俊辉、张静婷、陈娟参与了传记的写作，李恒撰写了部分章节并负责统稿。

采集工作得到了许院士本人和中科院测量与地球物理研究所的大力支持，得到了中山大学、同济大学、华中科技大学、中科院武汉分院等机构的多位专家的支持。感谢中科院测量与地球物理所全员的全力配合和支持。感谢同行专家兼院士秘书刘成恕研究员为采集工作联络奔走，解答了访谈与传记写作中的诸多专业问题。感谢已离休的蒋福珍研究员冒雨来所接受我们的访谈。感谢院士的弟子王勇所长对我们采集工作提出诸多的建议。感谢测地所档案室为传记的写作提供了查阅之便。感谢院士夫人杨慧杰女士、女儿许文颖女士、儿子许文进先生对采集工作的认可与支持。感谢同济大学档案馆章华明研究馆员的支持。感谢中山大学校长罗俊院士的支持。还要特别感谢中国科协张藜教授、北京理工大学吕瑞花研究馆员等专家在中评和结项评审中提出的宝贵意见，让我们在采集工作中保持正确的方向，把握有效的节奏和工作的重心。感谢湖北省科协邓腾先生及时的上传下达，让我们能及时了解采集工作的精神和规范。感谢科学家史料馆藏基地的专家及时提出实物资料分类整理意见。我们的采集工作团队成员，也在这次采集活动中得到了锻炼。聆听大师经历，并非人人有机会。在联络、访谈、译稿、整理、编研科学家史料的过程中，大家的精神格局得到了拓展，专业品质和能力得到了提升。感谢采集工程，感谢大家！

覃兆刿

2021 年 9 月于武汉沙湖

老科学家学术成长资料采集工程丛书
已出版（139种）

《卷舒开合任天真：何泽慧传》　　　《此生情怀寄树草：张宏达传》

《从红壤到黄土：朱显谟传》　　　　《梦里麦田是金黄：庄巧生传》

《山水人生：陈梦熊传》　　　　　　《大音希声：应崇福传》

《做一辈子研究生：林为干传》　　　《寻找地层深处的光：田在艺传》

《剑指苍穹：陈士橹传》　　　　　　《举重若重：徐光宪传》

《情系山河：张光斗传》　　　　　　《魂牵心系原子梦：钱三强传》

《金霉素·牛棚·生物固氮：沈善炯传》　《往事皆烟：朱尊权传》

《胸怀大气：陶诗言传》　　　　　　《智者乐水：林秉南传》

《本然化成：谢毓元传》　　　　　　《远望情怀：许学彦传》

《一个共产党员的数学人生：谷超豪传》《没有盲区的天空：王越传》

《含章可贞：秦含章传》　　　　　　《行有则　知无涯：罗沛霖传》

《精业济群：彭司勋传》　　　　　　《为了孩子的明天：张金哲传》

《肝胆相照：吴孟超传》　　　　　　《梦想成真：张树政传》

《新青胜蓝惟所盼：陆婉珍传》　　　《情系梁菽：卢良恕传》

《核动力道路上的垦荒牛：彭士禄传》《笺草释木六十年：王文采传》

《探赜索隐　止于至善：蔡启瑞传》　《妙手生花：张涤生传》

《碧空丹心：李敏华传》　　　　　　《硅芯筑梦：王守武传》

《仁术宏愿：盛志勇传》　　　　　　《云卷云舒：黄士松传》

《踏遍青山矿业新：裴荣富传》　　　《让核技术接地气：陈子元传》

《求索军事医学之路：程天民传》　　《论文写在大地上：徐锦堂传》

《一心向学：陈清如传》　　　　　　《钤记：张兴钤传》

《许身为国最难忘：陈能宽传》　　　《寻找沃土：赵其国传》

《钢锁苍龙　霸贯九州：方秦汉传》

《一丝一世界：郁铭芳传》

《宏才大略　科学人生：严东生传》

《虚怀若谷：黄维垣传》

《乐在图书山水间：常印佛传》

《碧水丹心：刘建康传》

《我的气象生涯：陈学溶百岁自述》

《赤子丹心　中华之光：王大珩传》

《根深方叶茂：唐有祺传》

《大爱化作田间行：余松烈传》

《格致桃李半公卿：沈克琦传》

《躬行出真知：王守觉传》

《草原之子：李博传》

《我的教育人生：申泮文百岁自述》

《阡陌舞者：曾德超传》

《妙手握奇珠：张丽珠传》

《追求卓越：郭慕孙传》

《走向奥维耶多：谢学锦传》

《绚丽多彩的光谱人生：黄本立传》

《此生只为麦穗忙：刘大钧传》

《航空报国　杏坛追梦：范绪箕传》

《聚变情怀终不改：李正武传》

《真善合美：蒋锡夔传》

《治水殆与禹同功：文伏波传》

《用生命谱写蓝色梦想：张炳炎传》

《远古生命的守望者：李星学传》

《探究河口　巡研海岸：陈吉余传》

《胰岛素探秘者：张友尚传》

《一个人与一个系科：于同隐传》

《究脑穷源探细胞：陈宜张传》

《星剑光芒射斗牛：赵伊君传》

《蓝天事业的垦荒人：屠基达传》

《善度事理的世纪师者：袁文伯传》

《“齿”生无悔：王翰章传》

《慢病毒疫苗的开拓者：沈荣显传》

《殚思求火种　深情寄木铎：黄祖洽传》

《合成之美：戴立信传》

《誓言无声铸重器：黄旭华传》

《水运人生：刘济舟传》

《在断了 A 弦的琴上奏出多复变
　　　最强音：陆启铿传》

《化作春泥：吴浩青传》

《低温王国拓荒人：洪朝生传》

《苍穹大业赤子心：梁思礼传》

《仁者医心：陈灏珠传》

《神乎其经：池志强传》

《种质资源总是情：董玉琛传》

《当油气遇见光明：翟光明传》

《微纳世界中国芯：李志坚传》

《至纯至强之光：高伯龙传》

《弄潮儿向涛头立：张乾二传》

《一爆惊世建荣功：王方定传》

《轮轨丹心：沈志云传》

《继承与创新：五二三任务与青蒿素研发》

《淡泊致远　求真务实：郑维敏传》

《情系化学　返璞归真：徐晓白传》

《经纬乾坤：叶叔华传》

《山石磊落自成岩：王德滋传》

《但求深精新：陆熙炎传》

《聚焦星空：潘君骅传》

《逐梦"中国牌"心理学：周先庚传》

《情系花粉育株：胡含传》

《情系生态：孙儒泳传》

《此生惟愿济众生：韩济生传》

《谦以自牧：经福谦传》

《世事如棋　真心依旧：王世真传》

《大地情怀：刘更另传》

《一儒：石元春自传》

《玻璃丝通信终成真：赵梓森传》

《碧海青山：董海山传》

《追光：薛鸣球传》

《愿天下无甲肝：毛江森传》

《以澄净的心灵与远古对话：吴新智传》

《景行如人：徐如人传》

《材料人生：涂铭旌传》

《寻梦衣被天下：梅自强传》

《海潮逐浪　镜水周回：童秉纲
　　口述人生》

《采数学之美为吾美：周毓麟传》

《神经药理学王国的"夸父"：
　　金国章传》

《情系生物膜：杨福愉传》

《敬事而信：熊远著传》

《恬淡人生：夏培肃传》

《我的配角人生：钟世镇自述》

《大气人生：王文兴传》

《历尽磨难的闪光人生：傅依备传》

《思地虑粮六十载：朱兆良传》

《心瓣探微：康振黄传》

《寄情水际砂石间：李庆忠传》

《美玉如斯　沉积人生：刘宝珺传》

《铸核控核两相宜：宋家树传》

《驯火育英才　调土绿神州：
　　徐旭常传》

《通信科教　乐在其中：李乐民传》

《力学笃行：钱令希传》

《与肿瘤相识　与衰老同行：
　　童坦君传》

《没有勋章的功臣：杨承宗传》　　　　《科学人文总相宜：杨叔子传》